La foto di copertina è di Darja Ribaric
(www.vivamar.org)

La grafica di copertina è di Cristina Serafini

ISBN 978-1-4478-9020-1
© 2011 Marco Affronte
Via Lagomaggio, 58 – 47923 Rimini

A Cristina

VIAGGIO ADRIATICO
Delfini, squali, tartarughe e altre storie: vita di un mare molto particolare

Indice

Introduzione

Nel mio ufficio c'è una grande cartina del Mar Mediterraneo. Ne rappresenta i fondali, come se all'improvviso tutta l'acqua fosse evaporata. Il mio sguardo corre spesso su quei fondali, guizza veloce, come fosse il tonno più rapido mai apparso in mare, e esplora le fosse di 3-4000 metri, risale lungo le scarpate oceaniche, si infila in golfi e insenature, fiancheggia le linee di costa che ribollono di vita. Poi non posso fare a meno di andare in su, verso il canale di Otranto, nuoto nei 1200 metri di blu davanti alla Puglia, poi il muro dei sedimenti del Po mi costringe a risalire, e mi trovo sulla piana che da Pescara fino a Trieste non sarà mai più profonda di 100 metri. A casa, finalmente.

Quante volte ho fatto questo percorso – anche se sempre e solo con la sguardo su una carta. Vado a cercare quelle acque basse e dai fondali limacciosi. Per molti questa caratteristica è ciò che penalizza l'Adriatico. Non vedono che invece sono proprio queste peculiarità a farne una culla. Le acque basse sono un rifugio e un sicuro riparo. Se poi sono anche ricche di cibo, e grazie soprattutto al paterno Po, lo sono eccome, ecco che diventano un ambiente accogliente e florido. Qui banchi di pesce azzurro e di sgombri rendono queste acque palpitanti di vita, insieme a tante altre specie ittiche. Crostacei e molluschi dominano i fondali che brulicano di vita, sebbene di specie forse poco appariscenti ma altrettanto interessanti agli occhi meno superficiali di quelli di un occasionale sub in cerca di "pesci colorati". In estate, purtroppo sempre meno, i tonni si aiutano con la corrente che sale lungo le coste orientali per raggiungere questo allettante banchetto. E così fanno, a migliaia, ogni primavera le tartarughe marine, timide e riservate testimonianze di un mare antico abitato da creature quasi mitologiche. Quassù la verdesca, lo squalo blu – ma bisogna vederlo dal vivo per capire quanto sia davvero blu – trova la sua nursery. Le femmine di questo squalo, gravide di pochi piccoli per volta, li lasciano in questo giardino con pochi pericoli e molte risorse, unica premura da parte di mamme che non conoscono altre cure parentali. E lo stesso fa l'elegante pesce volpe, squalo dai fianchi di mille riflessi colorati e dalla lunghissima coda. Anche per lui questo è il nido cui affidare la discendenza. Occasionalmente torna anche il re degli squali, il Grande Bianco, fino a qualche decina di anni fa, qui davvero comune. Ora lo immaginiamo, regale e solitario, solcare le nostre acque ricordando i bei tempi in cui si cacciavano tonni enormi e il pesce azzurro quasi ti cascava in bocca.

E i delfini, che allietano le traversate di chi queste acque le vive solo in superficie, magari aiutato dalla silenziosa spinta delle vele, spaziano in lungo e in largo dalle coste croate a quelle italiane, a volte visitati da qualche loro solitaria e enigmatica parente: una

balenottera comune o magari un capodoglio.
Questo è l'altro Adriatico, quello "sotto", quello vivo e a volte dimenticato. Quello messo in pericolo ogni giorno dagli scarichi di mille città, da una pesca intensiva (o eccessiva), dalla maleducazione o l'incuria di chi non sa, per ignoranza o per pigrizia, apprezzarne le qualità oltre alle belle coste e ai porti accessibili. Quello fragile e delicato. La culla preziosa da difendere con tutte le nostre forze.

Ed è all'Adriatico che è dedicato il libro che state leggendo. Negli ultimi 15 anni sono stato Responsabile scientifico di una onlus, la Fondazione Cetacea – che ogni tanto ritroverete nelle prossime pagine – che si occupa proprio di tutela, informazione e divulgazione sull'Adriatico. Lo fa attraverso lo studio e la conservazione dei grandi Vertebrati, delfini, tartarughe e squali. I quali, infatti, grande parte hanno in questo libro.
Il libro è una raccolta di scritti. Da diversi anni ho occasione, principalmente per passione, di scrivere molto di cose adriatiche. L'ho fatto regolarmente per tre anni, e ora saltuariamente, per il quotidiano La Voce di Romagna, nell'inserto settimanale Uomini&Mare; l'ho fatto per la rivista "Adriatico", edita dalla casa editrice Millenium, un progetto coraggioso e sognatore che si è retto sulla passione di un manipolo di volonterosi amatori; e l'ho fatto per il mio blog, Storie di Mare, che sta per compiere i suoi primi sei anni di vita. Alla fine mi sono ritrovato con

molto materiale a cui, opportunamente rivisto e sistemato, ho voluto dare una cornice più consona, un contesto più maturo.

Se, dopo averlo letto, vi capiterà di vedere l'Adriatico con occhi diversi, avrà raggiunto il suo scopo. Buon viaggio.

VITE ADRIATICHE

Un pesce straordinario: l'anguilla

Anguilla: il nome di questo pesce ci fa venire in mente diverse cose, più o meno in sequenza. Prima di tutto la forma, che la fa assomigliare di certo più a una biscia d'acqua che non a un pesce. Poi a piatti prelibati, ma a anche a fasi di allevamento e di preparazione che hanno le loro radici nella storia e nella tradizione, soprattutto nelle aree lagunari del Po. Difficile ad esempio pensare a Comacchio e alle sue valli e dimenticarsi della sua antica "industria" dell'anguilla, che oggi si può visitare compresa la "Sala dei fuochi", con i 12 camini dove questi pesci venivano cotti allo spiedo. Infine si ritorna con la mente magari a vecchie letture scolastiche, dove si parlava del misterioso ciclo biologico dell'anguilla, e dell'ancora più strano collegamento con un mare lontanissimo, il Mar dei Sargassi, nell'Atlantico occidentale.

In effetti la storia naturale dell'anguilla è davvero straordinaria, tale da apparire quasi inconcepibile, per la varietà di forme e trasformazioni ma anche e soprattutto proprio per quelle migliaia di chilometri percorse per compiere il mistero dell'accoppiamento.

Essendo un ciclo biologico, possiamo partire da qualunque punto per descriverne le fasi. E cominciamo allora proprio dagli adulti, che vivono in acque dolci e che possono tranquillamente raggiungere i 150 centimetri, ma solo le femmine; i maschi non superano infatti il mezzo metro. Nei fiumi dunque, le grosse anguille mangiano insetti, vermi, crostacei o piccoli pesci. In questa fase l'anguilla ha il dorso e il ventre verdognoli o giallastri e viene detta anguilla gialla. In autunno però il colore cambia, il dorso diventa nero e il ventre argenteo (anguilla argentina). E' il segnale di un momento importante. Con un andamento regolato dalle fasi lunari, in questo periodo le anguille cominciano a migrare, lasciando i fiumi per il mare. Ma arrivate al mare non si fermano, perché ne cercano uno in particolare, il Mar dei Sargassi. Quindi le anguille del Po, ad esempio, lasciano il fiume, scendono l'Adriatico, attraversano il Mediterraneo, escono da Gibilterra, valicano l'Oceano e arrivano alla loro meta. Il Mar dei Sargassi appunto, un'ampia area dell'Atlantico occidentale, grosso modo ad est dell'arcipelago delle Grandi Antille.

Qui, forse a profondità attorno a mille metri (ma se ne sa davvero poco), le anguille si accoppiano e poi, stremate per il viaggio, muoiono. Ma non prima che le femmine abbiano deposto le uova, alcuni milioni per ogni individuo. Le uova, grandi pochi millimetri, schiuderanno dando alla luce piccoli "nastrini" lunghi 4-5 millimetri: i leptocefali. I quali iniziano subito a migrare verso est e raggiungono le coste europee solo dopo molto tempo, fino a 24 mesi più tardi.

In prossimità delle coste queste larve diventano le cosiddette cieche, piccole anguille di meno di 10 centimetri. Queste possono fermarsi in acque costiere o entrare nei fiumi dove finalmente si colorano e cambiano anche alcuni aspetti morfologici, per diventare anguille gialle. Con il raggiungimento della maturità sessuale, a 3-10 anni per i maschi, e 5-25 anni per le femmine, a seconda della temperatura e della salinità delle aree in cui vivono, arriva la fase di anguilla argentea e il ciclo si chiude. O meglio, ricomincia.

Un ciclo biologico, lo abbiamo detto, che ha dello straordinario e che non può non lasciarci affascinati e anche, se vogliamo, consapevoli di quanto poco ancora conosciamo di certi fenomeni naturali.

Purtroppo gli stock di anguilla europea stanno vivendo una fase di drammatico declino: in poche decine d'anni il numero si è ridotto di oltre il 90 per cento in gran parte dell'areale di distribuzione europeo e mediterraneo.

Secondo l'International Council for the Exploration of the Seas (ICES), gli stock di anguilla sono al di sotto dei limiti biologici che ne garantiscono la sopravvivenza e gli attuali ritmi di pesca non sono sostenibili. Nel 2003 la Commissione Europea ha affermato la necessità di definire urgentemente un piano d'azione per il ripristino delle popolazioni di anguilla europea, e di sostenere l'attività di ricerca di base per studiare e comprendere aspetti ancora poco conosciuti della demografia e biologia dell'anguilla.

Beccone a chi?

Chi, come chi scrive, era bambino alla fine degli anni '60, ricorderà di passeggiate sulla spiaggia e, se avrà buona memoria, forse potrà rammentare che quello che si trovava sulla battigia e nei primi pochi centimetri d'acqua, non era esattamente uguale a quello che si trova oggi. Per la verità, e non crediamo sia solo una distorsione del ricordo del genere "i bei tempi andati", c'era molta più varietà. Basti pensare a quante conchiglie "cuore" - in realtà il mollusco bivalve *Acanthocardia tubercolata* - si trovavano ancora vive, con la loro "lingua" rossa fuori, e pronta a rientrare al minimo disturbo. Molto più frequenti di ora erano anche i cannolicchi (o cannelli), anche questi bivalvi della specie *Solen marginatus*.

Inoltre, nei primi metri d'acqua, camminando senza nemmeno bagnarsi più del ginocchio, erano davvero frequenti dei pesci un po' strani, allungati, lenti e facili da prendere. Erano i "becconi", nome che deriva dal loro muso allungato, ma forse anche proprio dalla facilità di cattura, visto che *beccone* in Romagna è anche sinonimo di chi crede a tutto, chi ci casca facilmente. Questi pesci sono in realtà i pesci ago.

Parenti stretti dei cavallucci marini, fanno infatti parte della stessa famiglia dei Singnatidi, condividono con questi alcune caratteristiche sia anatomiche che fisiologiche. La prima è quella di avere la bocca a forma di tubo allungato, senza denti e con una piccola apertura all'estremità, che serve proprio per succhiare le loro prede. L'altra più eclatante caratteristica condivisa con i cavallucci marini è legata allo loro riproduzione. Come è noto infatti in questi pesci, la femmina, dopo aver prodotto le uova, le deposita all'interno di una sacca ventrale, un marsupio, del corpo del maschio, il quale poi porta a termine una simil-gravidanza che si conclude con il "parto" di piccoli pesci già ben formati.

A differenza però dei cavallucci, i pesci ago hanno il corpo allungato e filiforme che prosegue la struttura allungata della testa e della bocca, rendendoli simili a più o meno lunghi serpentelli. Il corpo presenta poi per tutta la lunghezza degli anelli ossei che in qualche modo ne rinforzano la struttura. Difficile riconoscerli come pesci, anche perché non hanno pinne ventrali e la caudale non è facile da vedere. L'unica pinna sempre presente è la dorsale, che tra l'altro usano per il nuoto, vibrandola velocemente. Ecco perché sono così lenti nei movimenti.

I pesci ago adriatici sono in qualche modo a loro volta molto particolari. Ne esistono infatti due varietà diverse. Una di queste è rara in tutto il Mediterraneo ma comune solo in Adriatico, soprattutto nelle acque nord-occidentali: si chiama proprio Pesce ago adriatico (*Syngnathus taenionotus*). L'altra invece è addirittura una sottospecie, tipica del nord-Adriatico, di una specie altrimenti più comune, il pesce ago cavallino (*Sygnanthus typhle*). Dunque, ribadiamo, la cosa strana è che se si trova un pesce ago in Adriatico, questo o fa parte di una specie comune solo qui, o di una sottospecie esclusiva di queste acque.

Il pesce ago adriatico è lungo fino a 20 centimetri, ed è di colore grigio-bruno con delle linee trasversali più scure. Il pesce ago cavallino è un po' più grande potendo raggiungere anche i 25-30 centimetri ed è di colore verdastro. Il suo corpo non ha una sezione cilindrica ma piuttosto compressa lateralmente, il che, unito alla posizione quasi verticale che spesso assume e alla colorazione, lo mimetizza molto bene, facendogli assumere le sembianze di una lunga foglia.

Entrambi vivono su fondali sabbiosi, in prossimità della costa, nascosti in mezzo ai cespugli di alga Gracilaria.

Come molte specie di pesci ago e cavallucci, sono organismi molto sensibili ai cambiamenti e agli inquinamenti (di ogni tipo) del loro habitat, e per questo molto vulnerabili.

Fiume o mare? Lo Storione adriatico

Probabilmente parlare di storioni in un libro dedicato al mare può, ai più, apparire strano. In effetti in genere si pensa agli storioni, pesci molto particolari e spesso quasi "mitizzati", come a pesci tipici delle acque dolci. Ma così non è. Tecnicamente infatti gli storioni vengono definiti specie *anadrome*, il che significa che vivono la maggior parte della loro esistenza in acque salate, dunque in mare, e periodicamente risalgono i fiumi, nel periodo della riproduzione. E' vero che è molto più facile catturarli lungo i fiumi che non in mare aperto, da qui forse l'impressione che siano pesci d'acqua dolce.

Nel bacino adriatico sono tre le specie di storione presenti: il rarissimo e del tutto occasionale Storione ladano (*Huso huso)*, il più frequente Storione comune (*Acipenser sturio*) e l'endemico Storione cobice (*Acipenser naccarii)*. Quest'ultima specie, lo ripetiamo, è endemica del mare Adriatico e cioè vive solo in queste acque e ovviamente in quelle dei bacini fluviali che vi afferiscono, anche se non in tutti.

Ed è proprio sullo Storione cobice che vorremmo soffermarci, data la sua esclusiva presenza nelle nostre acque. Gli adulti, dopo che hanno migrato lungo i corsi di acqua dolce e lì si sono riprodotti, tornano in mare. I piccoli appena nati invece, restano in acqua dolce per almeno un anno, completando la crescita e in qualche modo la preparazione alla vita nelle acque salate. Lo sviluppo poi proseguirà ancora, se è vero che questa, pur essendo la specie di storione italiana più piccola, raggiunge comunque i 150-200 cm per un peso di circa 30-40 chilogrammi. La maturità sessuale è raggiunta nei maschi ad una taglia di circa 80 cm e nelle femmine a circa un metro, la migrazione nelle acque dolci avviene in maggio (è ancora oggetto di discussione la presenza di una popolazione naturale che svolge l'intero ciclo biologico nelle acque dolci).

In mare si trova su fondali a profondità variabile dai 10 ai 40 metri, e anche i corsi d'acqua che frequenta devono possedere una buona portata e profondità.

L'alimentazione di questa specie è basata principalmente su invertebrati di vario tipo che vivono sul fondale, quali crostacei, vermi e larve di insetti. Gli esemplari di dimensioni maggiori integrano la loro dieta anche con altri pesci.

La pesca e commercializzazione degli storioni di varie specie, compreso lo Storione cobice, rivestiva un interesse economico fino ad una quindicina di anni fa, ora la scarsità di catture ha modificato la situazione. L'evoluzione della popolazione naturale nel corso degli ultimi decenni ha subito un progressivo e vistoso declino. Dai dati dei primi anni del ventesimo secolo fino ai primi anni '90, risulta evidente un trend negativo nelle catture. Dai registri del mercato ittico di Trieste nel 1914 risulta la vendita di circa 800 chilogrammi di storione cobice, ma nel 1920 questo dato era calato a soli 250 chilogrammi. Le catture registrate in mare negli anni settanta indicano un pescato di circa 2000 chilogrammi, sceso a circa 200 chilogrammi nel periodo 1990-1991. L'elemento più significativo e preoccupante è evidenziato dalla riduzione della taglia: negli anni '80 circa l'80% degli esemplari venduti risultava pesare meno di 3,5 chilogrammi, taglia alla quale lo storione non ha ancora raggiunto l'età riproduttiva. In effetti la precaria situazione della popolazione ha fatto si che questa specie sia stata inserita nella Lista Rossa dell'IUCN (Unione Internazionale per la Conservazione della Natura e Risorse) tra quelle "vulnerabili", cioè giudicate a rischio di estinzione nel medio periodo.

Attualmente la specie è protetta sia in ambito europeo che nazionale, e anche a livello regionale, in alcune regioni italiane, in acque sia dolci che marine.

Un curioso studio sul tonno adriatico

Penso sia difficile trovare delle specie di pesci, e intendo proprio pesci e non creature marine in generale, che possano avere nell'immaginario lo stesso appeal e lo stesso carisma che hanno per esempio gli squali, le tartarughe marine, per non parlare degli insuperabili delfini.

In genere pesci che possono arrivare a questi livelli di "notorietà" sono creature di grandi dimensioni, o protagonisti di imprese come lunghe migrazioni, o animali di per sé particolari. Penso dunque al pesce luna, al pesce spada e di sicuro anche al tonno. E proprio del tonno vogliamo parlare.

E' risaputo come esso sia un frequentatore abituale dell'Adriatico, e preda ambita di pescatori sportivi e non, sebbene oggi purtroppo molto meno frequente di qualche tempo fa. E' noto che nell'area istriana fino agli anni '30 esistevano addirittura delle tonnare, ed alla presenza di queste, o più in generale proprio alla abbondanza di tonni in questo mare, si collega l'allora altrettanto importante presenza di squali bianchi.

Quella illustrata qui è una ricerca, per certi versi curiosa nel suo svolgimento, condotta qualche anno fa, da istituti di ricerca giapponesi, proprio sul tonno adriatico. La possibilità di poter applicare ai tonni dei trasmettitori satellitari apriva a questi ricercatori delle prospettive interessanti. Così decisero di applicarne un buon numero e poi analizzare i risultati. I tonni, tutti di circa 80-85 cm, erano stati catturati da una società croata al largo delle isole meridionali di quel Paese e poi portati in un recinto in mare nei pressi di Zara per essere messi all'ingrasso. I ricercatori hanno comprato i tonni dalla ditta e in due giorni, con canna e lenza, li hanno pescati (erano una sessantina) dal recinto, e poi marcati con i trasmettitori e rimessi giù. Per un giorno alcuni sub li hanno osservati per vedere il comportamento e anche la tenuta dei trasmettitori. Dopodichè la gabbia è stata trainata al largo, al di fuori del dedalo di isole croate, e poi aperta. I trasmettitori utilizzati erano del tipo che non comunica momento per momento la posizione, ma archiviano tutti i dati e solo quando si staccano o i pesci vengono pescati, è possibile recuperarli e scaricare i dati.

La campagna di ricerca fu anche per questo un mezzo fallimento. Solo sette trasmettitori (su sessanta) furono ritrovati. Due di essi erano finiti... al mercato. Uno a quello di Venezia e l'altro a quello di Chioggia. Un altro tonno era arrivato invece fino alle acque francesi.

Due dati interessanti. Alcuni animali registrarono profondità fino al limite consentito dallo strumento, cioè 510 m. Significa che probabilmente erano scesi anche oltre questa raguardevole quota. Inoltre la temperatura dell'acqua registrata dallo strumento era sempre di 3-6 gradi inferiore a quella del corpo del tonno. Questa è la conferma di una straordinaria capacità di questo animale che, pur essendo un animale a sangue freddo, riesce comunque, tramite particolari meccanismi di conservazione del calore prodotto dai muscoli, a mantenere appunto la temperatura corporea più alta di quella esterna. Una caratteristica fondamentale per l'efficienza del nuoto di un grande migratore quale il tonno è. Almeno questo, per quanto già risaputo, un bel risultato. Per il resto, che dire: non tutte le ricerche riescono... col buco.

In effetti questo studio dimostra anche come a volte una ricerca scientifica dotata di fondi non trascurabili, possa poi in definitiva dare risultati modesti. Ma forse è il caso di approfondire di più il discorso sulla presenza del tonno in Adriatico, dal momento che esso è citato spesso come "il grande pelagico", e abitatore di acque profonde, e dunque parrebbe quasi strano che sia regolarmente presente e anche pescato qui da noi.
Intanto è bene chiarire che esistono diverse specie di tonni, ma qui in Adriatico si parla principalmente del tonno rosso (*Thunnus thynnus*). E' un pesce che raggiunge una taglia notevole. La lunghezza massima raggiunta è di circa 300 cm, mentre il peso massimo rilevato è di più di 700 Kg. Può vivere fino a circa 20 anni. E', come si diceva, una specie pelagica, che vive in mare aperto a profondità anche superiori ai 500 m e che si sposta più vicino alla costa nelle stagioni calde.
Il Tonno rosso è un veloce nuotatore e compie notevoli migrazioni, effettuando anche periodici spostamenti verticali ed orizzontali. Alterna periodi in cui vive in branco a periodi di relativo isolamento. La fase

gregaria, che coincide con il periodo riproduttivo, è caratterizzata dall'aggregazione di gruppi consistenti sotto costa e dalla diminuzione dell'alimentazione.

E anche in Adriatico, con l'inizio della stagione calda, dunque in primavera, i tonni si aggregano per la riproduzione. E proprio in questi periodi ci sono pescherecci, magari non molti, che si dedicano alla pesca del grande pesce. Ad esempio nel 2005 pare che l'annata sia stata eccezionalmente buona, con centinaia di quintali di tonni pescati. L'alternanza di annate buone e altre meno è una caratteristica tipica di un mare mutevole e particolare come l'Adriatico.

Ricorda il biologo Fabio Fiori, che scrive spesso di "cose adriatiche", come "La pesca del tonno lungo le coste adriatiche, è un'antica usanza; in Istria e nelle isole del Quarnero erano attive fino alla metà del Novecento alcune tonnare fisse. A Preluca, vicino a Fiume, San Martino di Cherso e Ossero, luoghi di grande bellezza che distano meno di 100 miglia dai porti romagnoli, ogni anno venivano allestite piccole tonnare che pescavano da qualche decina a un centinaio di quintali di tonno. Oggi questo pesce in Adriatico si pesca con le tonnare volanti o con gli ami. Grossi motoscafi attrezzati per la pesca con i parangali fanno base per molti mesi nei porti marchigiani, abruzzesi e pugliesi."

E abbiamo notizia del ripristino di una tonnara (e forse non è l'unica) a Buccari, cittadina della costa della Croazia pochi chilometri a sudest di Fiume. Insomma la passione per il grande pesce non accenna a scemare.

Il Pesce luna, un alieno in Adriatico

Guarda che luna, grande come la luna. I giochi di parole vengono facili. Eppure il pesce luna (*Mola mola*), perché è di lui che si sta parlando, si chiama così solo in Italia. In lingua anglosassone infatti esso è invece il sunfish, il pesce sole (in realtà ocean sunfish, per distinguerlo dai vari pesci persici, sunfish di acqua dolce). In qualche caso è anche chiamato headfish, pesce testa e qui basta guardarne un'immagine per capire perché: non sembra un'immensa testa con le pinne? Anche l'origine del suo nome latino, *Mola mola*, è particolare; Linneo infatti gli attribuì il nome dello strumento piatto e rotondo che si usava per macinare il grano, la mola appunto.

Ma le stranezze con il pesce luna non si fermano certo al suo nome. Questo pesce è un alieno. Per le dimensioni, per il tipo di nuoto, per le caratteristiche anatomiche ma anche morfologiche, è un animale assolutamente fuori dal comune. Chi lo incontra per la prima volta, in immersione ma anche in acquario dove ormai comincia a essere abbastanza comune, ne resta sicuramente colpito e affascinato. Non sarà "bello" ma è ammaliante come una creatura delle fiabe.

Decisamente straordinarie sono poi le sue dimensioni, non a caso è il pesce osseo più grande che esista. Con un "diametro" fino a tre metri e un peso anche di due tonnellate, chi potrebbe competere con questo gigante? Il campione dei pesci luna pare essere un

esemplare accidentalmente speronato, il 18 settembre
1908, circa 40 miglia al largo di Sidney, in Australia.
Pesava ben 2235 kg, ed era lungo 3,1 metri; la sua
altezza, comprese quindi la pinna dorsale e quella
anale era di ben 4,3 metri. Esso è finito di diritto nel
Guinness dei Primati.

Misure che fanno impressione, e dire che alla nascita
non si direbbe certo che i piccoli appena usciti dalle
uova possano diventare così grandi. Le larve del pesce
luna sono infatti lunghe appena 1,5 mm. Esse sono
dotate di spine e di una coda primordiale (che come
vedremo scompare nell'adulto) e sono
inequivocabilmente planctoniche, fanno cioè parte di
quella miriade di microorganismi marini, incapaci più
o meno totalmente di movimento, che si lasciano
trasportare dalla corrente. Esse attraverseranno
diverse fasi di crescita fino a diventare, nella
cosiddetta fase postlarvale, già molto simili agli adulti,
sebbene ancora grandi non più di 4 centimetri.

Praticamente nient'altro di più si sa del ciclo
riproduttivo del pesce luna, pare però accertato il caso
di una femmina ritrovata con circa 300 milioni di uova
(!!) pronte per essere deposte.

Dicevamo che negli adulti scompare anche
quell'abbozzo di coda che si trova invece nelle larve. E
vediamo allora come è fatto un pesce luna adulto. Il
corpo è essenzialmente un disco schiacciato
lateralmente, solo leggermente affusolato in avanti,
dove termina con la piccola bocca. E' di colore grigio-
argenteo. Non è ricoperto da squame, ma da una pelle

molto ruvida per la presenza di piccole placche spinose. Le pinne anale e dorsale sono molto alte e a forma triangolare; esse sono opposte l'una all'altra e sono inserite molto indietro. Le pinne pettorali sono invece piccole e di forma rotondeggiante e si trovano dietro alle aperture branchiali. Aperture, non opercoli; ecco un'altra delle tante stranezze di questo pesce: gli archi branchiali, in numero di quattro, sono sì coperti da un opercolo, come in tutti i pesci ossei, ma esso è qui molto ridotto e nascosto nella pelle. Uno spesso lembo di cute infatti ricopre (e protegge?) l'apertura branchiale lasciando solo un'apertura grande più o meno come l'occhio, da cui l'acqua esce dopo aver ossigenato il sangue, nelle branchie. Questo piccolo foro, dietro gli occhi e davanti alle pinne pettorali è dunque tutto quanto si vede dall'esterno dell'apparato branchiale del pesce luna.

Quello che resta della pinna caudale è una specie di piega della pelle, sostenuta comunque come le pinne da raggi, che "congiunge" in pratica la pinna anale e la dorsale, e che funge da timone, prendendo il nome di *clavus*.

Ma le stranezze non sono finite qui. Chi infatti si trovasse, come è capitato a chi scrive con gli esemplari spiaggiati di cui si parla più avanti, a dover effettuare una dissezione anatomica avrebbe ancora pane per i suoi denti. Intanto il pesce luna è uno dei pochi pesci ossei che mancano di vescica natatoria, cioè di quella sacca che riempiendosi in varia misura di gas, permette ai pesci ossei di regolare la profondità in cui si muovono (come un GAV naturale).

Lo scheletro è inoltre costituito in gran parte da cartilagine. Non sono evidentemente pesci cartilaginei (cioè squali e razze), ma questa caratteristica li differenzia comunque dai tipici pesci ossei (appunto con lo scheletro di osso).

Perfino la bocca in questo pesce è alquanto singolare. Essa, pur essendo piccola, è infatti munita di un becco robusto e tagliente e tutti i denti sono fusi tra loro a formare un'unica placca dentale. Per mangiare cosa? Prevalentemente organismi gelatinosi come meduse o ctenofori, ma anche Crostacei, Molluschi, Ofiure e occasionalmente piccoli pesci. Ma non disdegna affatto nemmeno alghe e piante marine.

Come si può intuire, nessuna delle prede del pesce luna è particolarmente veloce e difficile da catturare. Il *Mola mola* è un nuotatore tranquillo e lento. In effetti non può essere altrimenti dal momento che la coda, come abbiamo già detto, svolge funzioni prettamente di timone del movimento. Il quale è invece affidato alle sviluppate pinne dorsale e anale che, lunghe e opposte come ali (ma in verticale), "sbattendo" in maniera coordinata imprimono il moto.

In Adriatico

Si può incontrare il pesce luna in molti acquari nel mondo, dove piccoli esemplari sono oramai di casa. In natura invece l'areale di distribuzione del *Mola mola* comprende tutti i mari temperati del mondo – compreso quindi il Mediterraneo – pare a profondità non superiori a 360 metri,.

Di recente, un gruppo di ricercatori croati e sloveni appartenenti agli istituti di Oceanografia e Pesca di Spalato e di Biologia Marina di Pirano, ha pubblicato un interessante lavoro di revisione sulla presenza del pesce luna in Adriatico.

Tra l'altro l'articolo prende in considerazione avvistamenti e spiaggiamenti non solo del più classico pesce luna, il *Mola mola* appunto, ma anche del ben più raro e meno conosciuto *Ranzania laevis*, un tipo di pesce luna più piccolo e meno "tondeggiante" del suo più famoso parente.

Il team di ricercatori ha raccolto gli avvistamenti e le catture di pesci luna in Adriatico, dal 1971 al 2006. Gli spiaggiamenti di questo animale sono rarissimi, dunque anche raccogliere dati sulla sua presenza non è sempre facile.

Nel lavoro sono riportate 42 segnalazioni per il *Mola mola* e 37 per il *Ranzania laevis*. La maggior parte di esse è concentrata sulle coste orientali dell'Adriatico, anzi, per la seconda specie esse sono tutte sulle coste slovene, croate, montenegrine e albanesi e un solo caso in territorio italiano, nel porto di Trieste nel luglio del 1972. Per il *Mola mola* sono riportati anche i 5 casi di spiaggiamento segnalati da Fondazione Cetacea nell'aprile 2002 di cui parleremo più sotto, più qualche altro evento italiano. Interessante è il confronto con le temperature dell'acqua e dunque anche con il periodo dell'anno in cui queste segnalazioni sono state raccolte. Il *Mola mola* si trova infatti maggiormente nei mesi caldi, da aprile a settembre, con un picco in agosto. Il *Ranzania laevis*, d'altro canto, ha un andamento quasi speculare in quanto, pur essendo maggiormente "spalmato" su tutto l'anno, i maggiori ritrovamenti coincidono con i mesi freddi, con una punta massima in dicembre.

Gli autori notano poi un incremento degli avvistamenti di *Mola mola* negli ultimi dieci-quindici anni e lo mettono in relazione con le temperature registrate da alcuni stazioni meteorologiche, ipotizzando che, vista la preferenza di questa specie per le acque calde, la presenza del pesce luna sia in aumento in Adriatico, proprio in conseguenza del riscaldamento delle acque.

Gli autori concludono affermando ancora una volta che su queste specie ulteriori approfonditi studi sarebbero necessari e lanciano una proposta davvero interessante, sebbene probabilmente difficilmente realizzabile, e cioè quella di collocare dei trasmettitori satellitari su alcuni esemplari di queste specie, come già si fa con molte altre specie come le tartarughe marine. Questi strumenti darebbero informazioni fondamentali sul comportamento di questi elusivi pesci nel nostro mare. Il problema è: come trovare gli individui da marcare?

Lune sulla spiaggia

Come già detto, gli spiaggiamenti di questo animale sono molto rari, ecco perché appare ancora più eccezionale quanto successo nell'aprile del 2002. In quel periodo infatti, in un lasso di tempo di 15 giorni, dal 3 al 18 aprile, si sono spiaggiati ben cinque esemplari di *Mola mola*: il 3 a Numana (AN), il 4 a Lido degli Estensi (FE), il 12 a Trieste, il 13 a Porto Garibaldi, il 18 a Riccione (RN). Quest'ultimo era ancora vivo ma, dopo essere stato sospinto al largo si è poi nuovamente spiaggiato, morto, quattro giorni dopo, leggermente più a sud. Inoltre, tutti gli esemplari erano di grosse dimensioni andando dai 500 ai 1000 kg.

Cosa abbia causato queste morti non si sa, anche perché il pesce luna ha veramente pochi nemici: sostanzialmente i grandi squali e l'uomo; la pesca per uso alimentare è comunque poco praticata su questa specie, anche per la presenza, benchè minima, nelle sue carni di una tossina naturale.

Il 13 gennaio 2008, una domenica, sulla spiaggia di Rivabella di Rimini, alcune persone che passeggiavano sulla spiaggia hanno visto in acqua la sagoma di un grosso pesce. Hanno avvisato la Capitaneria di Porto che poi ha chiamato ad intervenire Fondazione Cetacea. Arrivati sul posto verso le 17, ecco apparire un grande pesce luna, riverso sul fianco, in pochi centimetri d'acqua. Fu come una specie di deja-vu all'aprile del 2002 quando la stessa situazione si presentò sulla spiaggia di Riccione. Come già visto, allora il pesce fu portato al largo dove sembrò riprendersi e se ne andò nuotando pigramente. Salvo spiaggiarsi però due giorni dopo, morto.

Questa volta, sulla spiaggia, oltre a tanti curiosi, sono

intervenuti i Vigili del Fuoco, eccezionali per impegno e dedizione. Imbragandolo con delle corde hanno lavorato per un'ora nell'acqua gelida per cercare di portare fuori il pesce moribondo. Arrivati però a qualche decina di metri dalla spiaggia, sostenendo il povero pesce e aspettando delle moto d'acqua per completare l'operazione, si sono accorti che l'animale non si muoveva più. Allora hanno riportato il corpo senza vita a riva, in modo da consentirne successivamente il recupero. Due giorni dopo il grande animale è stato rimosso grazie ai mezzi di Hera, che ha poi consegnato l'esemplare alla ditta RP Grassi di Santa Giustina, la quale mette sempre a disposizione il proprio piazzale (dotato di acqua corrente, fondamentale) a Fondazione Cetacea, per consentire analisi anche su delfini e tartarughe. E' lì che si è compiuto, per esempio, il lavoro sulla carcassa di capodoglio spiaggiato a Viserba nel gennaio del 2005.

Nel primo pomeriggio sono stati effettuati la necropsia e i rilievi biometrici, in collaborazione con l'Università di Bologna. L'animale misurava da pinna a pinna un'altezza di 2 metri e 78 centimetri. Ancora più impressionante il peso: ben 1140 chilogrammi.
Difficile se non impossibile stabilire le cause di morte, anche se sono state trovate lesioni patologiche al fegato e, al solito, tantissimi parassiti. Già in altri esemplari se ne erano trovati molti, alcuni descritti per la prima volta. Molti di questi sono specie specifiche proprio del *Mola mola*, cioè vivono e prosperano solo

su questa specie di pesce. E non dobbiamo per forza pensarli con l'accezione negativa che di solito si dà alla parola parassita. In realtà si deve pensare a questo enorme pesce come a una grande nave che conduce per il mare, su di sé, molte altre forme di organismi viventi. Una specie di ecosistema errante, dunque. E quante cose abbiamo ancora da imparare su questo affascinante animale!

Interessante come una seppia

Alcune specie animali rappresentano nell'immaginario qualcosa che va al di là delle loro semplici caratteristiche biologiche e ecologiche. Per le specie marine non c'è dubbio che delfini, squali ma anche tartarughe marine e pesci spada per esempio, abbiano un'attrattiva che altri organismi non raggiungono. Eppure, visti da vicino, e studiati nei loro comportamenti e nelle loro particolarità biologiche, praticamente non esistono animali che non possano colpire lo studioso e il profano. A volte poi alcune specie sono talmente comuni, anche sulle nostre tavole, che non riusciamo forse più a vederne gli splendidi adattamenti e peculiarità.

La seppia (*Sepia oficinalis*) ad esempio è un tipico abitatore delle nostre acque, e non solo di queste. Ed è un animale, che pur nella sua "primitività", è curioso e affascinante.

Come si sa, la seppia è un Mollusco che può raggiungere dimensioni massime di 30-35 centimetri, ed ha colorazione molto variabile che differisce tra maschi e femmine: infatti i maschi presentano una linea bianca lungo tutta la pinna. Il corpo è ovale, schiacciato e circondato da una specie di velo mobile che in realtà funge appunto da pinna. La testa possiede dieci braccia, due delle quali, i tentacoli, sono più lunghe, retrattili e con la parte terminale ricca di ventose.

Vive sui fondali non troppo profondi e in genere sabbiosi o melmosi e sulle praterie di Posidonia. E' celebre per le sue migrazioni riproduttive, che compie in primavera ed autunno e dalle quali dipendono anche i diversi metodi utilizzati per pescarle. Infatti, se normalmente vive in acque non troppo vicine alle coste, si avvicina però a queste proprio durante la stagione degli amori. Prima arrivano i maschi, seguiti dalle femmine, le quali poi depongono delle uova molto caratteristiche che non è raro trovare sulle spiagge. Sono dei grappoli neri che sembrano uva (in effetti c'è chi le chiama "uva di mare"). Facile trovare sulla sabbia anche la conchiglia di questi molluschi, che è interna e di colore bianco: il cosiddetto osso di seppia. Come detto, pare proprio che in Adriatico esistano due popolazioni di seppie, che si riproducono in tempi diversi, una in autunno e una in primavera.

In passato molto più che oggi non era raro incappare anche nelle *sipe delfinede*, cioè le seppie decapitate dai delfini, i quali infatti sono golosi solo della testa, che riescono a staccare dal corpo.

Dicevamo della pesca a questa specie, la quale ovviamente deve seguirne i movimenti migratori durante l'anno. Dunque in inverno le seppie si pescano più al largo, normalmente con le reti a strascico, mentre in primavera e autunno sono attese sotto costa, da strumenti di cattura fissi, come le nasse e i cogolli. Vere e proprie trappole che attirano le seppie che vi entrano non in cerca di un'esca ma di un luogo riparato dove deporre le uova. Tanto è vero che spesso le nasse hanno all'interno materiali plastici o foglie di alloro, che appunto simulano un buon substrato dove deporre le uova.

Per gli attrezzi da posta la seppia rappresenta una parte decisamente notevole del pescato, e sebbene con un calo negli ultimi anni, esse costituiscono anche un buon 20 per cento delle catture con lo strascico.

Studi genetici recenti dimostrano come la popolazione adriatica di questi curiosi animali sia isolata dalle popolazioni mediterranee. Significa che le seppie mediterranee difficilmente vengono a rimpolpare la popolazione di quelle che vivono in Adriatico, dunque queste necessitano di misure di tutela e di una attenta gestione, per evitarne drastiche diminuzioni.

Chi ha paura delle meduse?

A osservarle da vicino sono organismi affascinanti e misteriosi. Sembrano fatti di luce e acqua e di soffici tessuti. Unici nel loro genere, andrebbero conosciuti meglio per le loro straordinarie caratteristiche biologiche. Eppure se le incontriamo in acqua, e spesso capita anche molto vicino alla riva, in genere ce la battiamo a gambe levate. Sono le meduse, organismi temuti – in genere a ragione – per la loro proprietà urticante, ma accattivanti e curiosi per chi ha voglia di conoscerli meglio.

Fanno tutte parte dei Celenterati i quali prendono il loro nome dal celenteron, una cavità che costituisce il cavo digerente e che comunica verso l'esterno con un'unica apertura che è al tempo stesso bocca e ano. Questa cavità si trova al centro di un "ombrello", il quale è ornato di tentacoli, i quali spesso portano appunto le cellule urticanti.

In Adriatico ne esistono diverse specie, alcune anche di grosse dimensioni. Prima fra tutte il grosso Polmone di mare (*Rhizostoma pulmo*) che arriva fino a 50 cm di diametro e che si riconosce perché sul colore bianco generale, spicca il margine dell'ombrello che è invece blu intenso. Ha otto tentacoli grossi e con diverse escrescenze. Può far paura per le sue dimensioni, ma in realtà è specie veramente poco urticante. Ricordo ancora quando sono stato chiamato a "salvare" un esemplare enorme sulla spiaggia di San Giuliano, nella primavera del 2006. Non che si potesse fare qualcosa, purtroppo.

Altra specie di buone dimensioni che frequenta le nostre acque è la Cassiopea (*Cotylorhiza tubercolata*) che arriva a 35 cm di diametro ed ha tentacoli molto particolari. Essi, sempre otto, sono corti e a grappolo, ma hanno a loro volta escrescenze e altri piccoli tentacoli che finiscono con dei dischetti bianchi e rosso-viola. Non deve fare paura, perché non è urticante.

Chi invece ci spaventa, e questa volta a ragione, è la famigerata *Pelagia noctiluca*, la medusa luminosa. Tutti noi l'abbiamo vista almeno una volta e molti l'hanno anche "sperimentata" sulla propria pelle. Infatti pur essendo piccola – difficilmente supera gli 8-10 cm di diametro – è urticante, provocando dolorose "scottature" con il contatto dei suoi tentacoli che sono davvero molto lunghi (fino a 25 cm) e che le servono per catturare le sue prede, anche piccoli pesci. Ha aspetto gelatinoso e trasparente ed è di colore rosa. E' la responsabile di apparizioni di massa, infatti quando si verificano condizioni favorevoli sia climatiche che ambientali, si moltiplica in grandi numeri. Le correnti poi tendono a concentrarle in baie o vicino alle rive, con grande disappunto dei bagnanti. Periodi intensi di presenza di *Pelagia noctiluca* in alto Adriatico sono stati ad esempio dal 1977 al 1986 e anche recentemente dal 2004 al 2006.

A volte può essere confusa con una specie molto diversa, arrivata nelle acque adriatiche da pochi anni:

la *Carybdea marsupialis*, che è bianca ed ha solo quattro tentacoli. Compare tutti gli anni sulle coste di Emilia-Romagna e Marche, ha dimensioni simili alla medusa luminosa ma è meno urticante. Non lascia segni e il bruciore passa in 30 minuti. Pare che il suo veleno si possa inattivare con... l'aceto.

Non c'è dubbio che pensando alle meduse pensiamo soprattutto agli inconvenienti che esse portano, eppure hanno un ciclo di vita incredibile che attraversa diverse fasi e mutamenti e sono organismi semplici ma davvero interessanti.

Argonauta, la conchiglia degli dei

Nell'ottobre 2008 è stata riportata la notizia che all'interno della darsena di Rimini era stato ritrovato un organismo marino che poteva essere un Argonauta. Difficile dalla foto stabilire cosa fosse, ma la notizia ha comunque portato all'attenzione uno degli organismi più particolari che vivono nei mari temperati, compreso l'Adriatico: l'Argonauta appunto. Il nome scientifico completo è *Argonauta argo*, ed è quasi un animale mitologico. Innanzitutto va detto che questo Mollusco gasteropode (cioè parente stretto di polpi e seppie) è famoso fra le altre cose per la sua meravigliosa conchiglia. Solo che non è una conchiglia...

Andiamo per ordine. In questa specie c'è un forte dimorfismo sessuale, cioè una notevole differenza fra le caratteristiche della femmina e quelle del maschio. Quest'ultimo infatti è circa venti volte più piccolo della femmina: i due sessi infatti possono raggiungere rispettivamente 1 centimetro di lunghezza lui e 20 centimetri lei.

L'altra differenza fondamentale è che la femmina è in grado, tramite un secreto che esce da alcune ghiandole poste sul primo paio di braccia o tentacoli, di costruire una conchiglia appunto, che è fatta di materiale calcareo ed è più o meno trasparente. Questa meraviglia, per trovarne una in spiaggia da noi bisogna essere molto ma molto fortunati, non serve a proteggere il corpo dell'animale, ma viene usata invece per contenere e dare a riparo alle uova. Ecco perchè non si può definire conchiglia, ma tecnicamente viene detta "ooteca", cioè contenitore di uova.

Il maschio non ha l'ooteca, in quanto ovviamente le uova sono prodotte dalla femmina. Esso inoltre, come detto, è piccolissimo e assomiglia a un polpo in miniatura, ma con un braccio lunghissimo (ectocotile) che serve durante l'accoppiamento per portare lo sperma dentro la cavità del mantello della femmina. Ma le stranezze non finiscono qui, perchè a questo punto il braccio si stacca e può sopravvivere per diversi giorni dentro la femmina. In effetti in passato fu molto spesso confuso con un parassita. Per i motivi suddetti, per secoli si sono conosciuti esclusivamente esemplari femmine, dei maschi non si sapeva niente.

Questi animali vivono un po' in tutto il Mediterraneo anche se non sono così comuni. Conducono una vita pelagica, cioè si lasciano galleggiare in balìa delle correnti, in genere sotto costa. A volte possono dare aggregazioni e pare che nell'Adriatico settentrionale ce ne sia stata una vera invasione, nel 1936.

Si cibano principalmente di piccoli pesci e di plancton, ma anche di crostacei e piccoli molluschi.

Nell'antichità incontrare un argonauta era ritenuto il più favorevole degli auspici, perché orientava la rotta e assicurava un viaggio sicuro, essendo riconosciuto come la conchiglia degli dei. Il poeta greco Oppiano ne parla così: *"O creatura marina giustamente cara ai naviganti, la tua presenza annuncia i venti dolci e amici; tu riconduci la calma del mare e ne sei il segno".*

Infine, il nome Argonauta venne dato a questa specie da Carlo Linneo che per primo lo descrisse nel 1758: era il nome che nella mitologia greca era attribuito ai 50 eroi guidati da Giasone sulla nave Argo alla ricerca del Vello d'Oro.

Bello come un nudibranco

Gli appassionati subacquei li cercano come fossero un tesoro prezioso, i ricercatori li studiano con una curiosità scientifica quasi morbosa, per la gente comune invece sono creature sconosciute e inaspettate. Anche il loro nome è curioso e strano, si chiamano infatti Nudibranchi.

Cosa sono dunque questi strani animali marini? Sono dei Molluschi, un ordine animale davvero ampio che comprende animali molto diversi fra loro come le lumache, le seppie, i polpi ma anche le vongole e le cozze. Tutti questi animali hanno una conchiglia, evidente ed esterna come nelle vongole e nelle lumache, o nascosta come nella seppia, ma nei nudibranchi la conchiglia non c'è. Il loro nome deriva però da un'altra caratteristica: i loro organi respiratori, le "branchie" appunto, sono completamente esposte e "sporgenti" sul dorso di questi animali. I quali, tra l'altro hanno l'aspetto di lumache senza guscio, ma sono davvero coloratissimi e con disegni particolari.

Le branchie, dicevamo, sono così caratteristiche da dare loro il nome: infatti nella grande maggioranza dei nudibranchi esse si trovano sul dorso, non sono dunque protette, insomma sono "nude". Alcune specie non hanno branchie distinte ed hanno sviluppato i cosiddetti *cerata*, ossia singolari strutture allungate che ricoprono il dorso e che servono ad aumentare la superficie del tessuto deputata ad assorbire l'ossigeno dall'acqua. Ma le loro particolarità biologiche non finiscono qui. Come detto, le forme e i colori possono variare enormemente, e le dimensioni variano da 1 a 60 centimetri. Non c'è dubbio che tra i nudibranchi si possono trovare le creature più colorate del mare.

Sono animali che vivono tipicamente sul fondo, anche se alcuni sanno nuotare con movimenti sinuosi del corpo. Sulla testa presentano dei chemiorecettori, detti rinofori, usati come organi sensoriali.

Alcune specie hanno poi sviluppato un sistema di difesa davvero innovativo ed efficace. Mangiano animali che contengono cellule urticanti (come quelle degli anemoni o delle meduse). Queste cellule urticanti però, nel sistema digerente del nudibranco, non vengono digerite, ma si mantengono intatte e, appunto, urticanti. Esse si accumulano sul dorso dell'animale, donandogli il potere di irritare e colpire, tipico delle prede che ha mangiato.

Dal punto di vista del ciclo riproduttivo, quasi tutti i nudibranchi sono ermafroditi , cioè lo stesso organismo ha entrambi gli organi sessuali, ma non possono auto-fecondarsi. Depongono poi le uova in lunghe strisce, anche queste in genere molto colorate, che restano appese a rocce o ad altri substrati come lunghe e ondulate trine dall'aspetto molto caratteristico e riconoscibile.

Si diceva all'inizio quanto subacquei un po' sensibili, accorti e curiosi, stiano ormai cercando attivamente di avvistare e fotografare queste creature delicate e dai colori accattivanti. Così si sono accumulate, recentemente, le segnalazioni di questi animali anche in Adriatico. Nel nostro mare infatti pare esista una notevole varietà di questi Molluschi, e dato che l'attenzione su di loro è abbastanza recente appunto, è facile che il numero delle specie segnalate aumenti.

Nei siti degli appassionati di subacquea si fa a gara a mostrare le rare foto di questi animali, e a classificarli, nel caso siano specie meno "viste".

Luoghi particolarmente ricchi sembrano essere le zone di scogliera (il promontorio del Conero ad esempio) o i relitti, come la celebre piattaforma affondata "Paguro", nel ravennate, o il relitto della nave "Nicole" al largo di Numana (AN). Addirittura nella zona del Conero, un appassionato subacqueo si è preso la briga di costruire un sito web dedicato ai nudibranchi (www.nudibranchi.it), e in particolare a quelli fotografati proprio in questa area. E il dato sorprendente è che ne ha contate ben 46 specie diverse!

Dunque anche in Adriatico queste misteriose e eleganti creature non mancano di certo, per la gioia dei subacquei e di chi ama la varietà della vita del nostro mare.

La guerra delle poveracce

Difficile pensare che ci sia ancora qualcuno che, almeno qui sulle nostre coste, non abbia mai assaggiato un bel piatto di vongole. La "poveraccia", così come la chiamano in Romagna, è un ingrediente abituale di molti piatti di mare e un cibo semplice sia da raccogliere (almeno una volta) e da preparare, tanto da essere un cibo da povera gente, da poveracci appunto.

Magari però, o forse proprio per questi motivi, la si conosce meno per le sue caratteristiche biologiche; d'altra parte, prima di finire nei nostri piatti, è un animale che vive e cresce comunemente nelle nostre acque.

Le vongole sono Molluschi bivalvi, termine che indica la presenza di due conchiglie (valve) uguali o simili tra loro, in grado di chiudersi per contenere l'animale stesso. Fanno parte della classe dei Gasteropodi, gruppo numerosissimo che racchiude non solo tutte le "conchiglie" (più precisamente molluschi dotati di conchiglia), ma anche alcuni parenti più grandi come i polpi, i calamari e le seppie.

La vongola non è dotata di organi di movimento, dunque vive sepolta sotto la sabbia. In effetti è un animale filtratore, si nutre cioè di plancton (piccoli organismi, di una o più cellule, vegetali o animali), che cattura aspirando acqua attraverso una delle due aperture (sifoni), che fuoriescono dalle valve socchiuse. Contrariamente a quanto si osserva in molti Gasteropodi, che sono ermafroditi, nelle vongole i sessi sono separati. Il periodo riproduttivo è in genere in primavera ed estate. I prodotti sessuali (gameti) sono emessi direttamente nell'acqua, dove avviene la fecondazione. La larva vive per 10-15 giorni liberamente nell'acqua come plancton e, successivamente, prende contatto con il fondo per iniziare la vita nella sabbia.

Non esiste una sola specie di vongola. Da noi la più comune è la vongola... comune, appunto, cioè la *Chamelea gallina*. Molto più ricercata, per i palati più fini, e comunque anche questa abbastanza facile da trovare è la vongola verace (*Tapes decussatus*). Meno visto è il longone o lupino (*Tapes aureus*). Come detto, dal punto di vista culinario e dunque commerciale, la vongola per eccellenza è quella verace. Questa vive in fondali costieri o lagunari, poco profondi, con poca pendenza, sabbiosi o melmosi a copertura vegetale. Per il suo valore sui mercati ittici, le vongole veraci vengono da tempo allevate in gran numero, e in particolare nella laguna veneta, dove però, proprio per rispondere a una richiesta sempre crescente da parte dei consumatori, è stato infine compiuto un "dramma" ecologico. All'inizio degli anni '80 infatti, molti allevatori cominciarono a introdurre nelle loro attività un altro tipo di vongola: la vongola verace filippina (*Tapes philippinarum*). In effetti questa specie, proveniente da mari esotici, come dice il nome, risulta essere molto adattabile e tremendamente più produttiva delle nostre vongole nostrane, essendo in effetti più resistente ai cambiamenti climatici, all'inquinamento delle acque e agli sconvolgimenti dei fondali causati dalla frequente raccolta.

Il problema della diffusione della vongola asiatica nelle nostre acque è duplice: intanto essa tende a soppiantare le specie autoctone più diffuse (la vongola comune e la vongola verace), inoltre a causa della sua notevole produttività, induce raccolti sempre più frequenti nel corso dell'anno che lasciano poco tempo al fondale per riprendersi dal passaggio delle turbosoffianti, le navi pescherecce dotate della strumentazione meccanica per la raccolta delle vongole.

Tra l'altro, mentre la vongola comune si distingue dalle veraci per la sua colorazione meno evidente e soprattutto perché più piccola, le due veraci tra loro sono praticamente identiche. L'unico sistema per distinguerle è metterle in acqua e osservarle da vive, allora si potrà notare che la nostrana mette fuori due sifoni, mentre quella asiatica solo uno.

L'introduzione della vongola verace filippina è un chiaro esempio di come interessi commerciali possono danneggiare un altro tipo di ricchezza, quella biologica, impoverendone le caratteristiche locali ed esclusive.

La leggendaria Foca monaca

Parlare della foca monaca (*Monachus monachus*) è ormai quasi come parlare di un animale leggendario, una specie di moderno unicorno. Ogni avvistamento di foca monaca merita l'attenzione dei media e viene diligentemente catalogato. Purtroppo non c'è niente di fantastico in tutto ciò, in quanto il motivo di tutta questa attenzione verso questo pinnipede è in effetti per niente positivo.

Questo mammifero marino può raggiunge una lunghezza massima di 240 centimetri (c'è chi parla anche di 3 metri) e i 320 kg di peso; le femmine sono un po' più piccole dei maschi. Come in tutte le foche, il corpo è allungato e irregolarmente cilindrico, rivestito da uno spesso strato adiposo ricoperto da un fitto pelo corto e vellutato, impermeabile all'acqua. Il colore è nero nel maschio e marrone o grigio scuro nella femmina, più chiaro sul ventre. Gli arti anteriori sono trasformati in pinne mentre quelli posteriori costituiscono un'unica pinna posteriore.

La foca monaca è oggi, nel mondo, una delle cento specie di mammiferi più vicine all'estinzione. Essa è protetta dalla Appendice I, la più restrittiva, della convenzione di Washington (Cites) e si calcola ne sopravviva oggi una popolazione di appena 300-400 esemplari: circa 200 sono concentrati nell'Egeo e nel Mediterraneo sudorientale; 20-30 nel Mar Ionio; 10-20 in Adriatico; una decina nel Mediterraneo centrale;

dai 10 ai 20 nel Mediterraneo occidentale; una decina nel Mar Nero e 130 in Atlantico.

Come si vede dunque la consistenza della specie è davvero rarefatta, ed è decisamente interessante per noi la piccola presenza di individui in Adriatico. In questo mare la foca monaca era regolare fino a qualche decina di anni fa, ma è diventata anche qui, come altrove, una vera rarità. La foca monaca ama le spiagge sabbiose, ma l'impatto dell'uomo su questi ambienti l'ha spinta a preferire ora areali dove siano presenti grotte e cavità naturali, da utilizzare come rifugio. Da qui la predilezione per la costa orientale dell'Adriatico, dove fra Croazia e Albania la possibilità di trovare questo tipo di ambienti non è certo scarsa.

Una ricerca condotta dal 2000 al 2005 dall'associazione Mediterranean Monk Seal Group era rivolta a stabilire la presenza della foca monaca nelle acque dell'Adriatico orientale, soprattutto basandosi su interviste a pescatori e su esplorazioni di grotte e cave. Lo studio confermò la presenza di foche monache in queste acque, seppure in gruppi davvero sparuti: si parla infatti di due nuclei di 6-7 esemplari cadauno.

Ma anche venendo a tempi più recenti, continuano ad arrivare puntiformi ma comunque confortanti segnalazioni (comprovate da foto o video) di questo animale rarissimo e pure timido, e dunque schivo. Nel settembre 2007 ci fu un avvistamento a sud di Pola seguito nel febbraio del 2008 da un secondo avvistamento. E le sorprese sono continuate nel primo scorcio del 2009, con due segnalazioni certe. Un primo avvistamento è avvenuto il 14 febbraio, a non più di 5 metri dalla costa, vicino a punta Verudela, sempre nella zona di Pula (Croazia). Meno di un mese dopo poi, l'8 di marzo, ecco il secondo avvistamento, più o meno nella stessa zona, a capo Premantura. L'animale e' stato fotografato dagli operatori del Museo Civico di Pola.

Questi eventi così esigui, uno o due all'anno quando va bene, possono sembrare talmente sporadici da risultare risibili, ma per una specie i cui esemplari rimasti si contano come abbiamo visto sulle poche centinaia, diventano invece fondamentali per confermare almeno che ancora pochi esemplari resistono e che la specie non è ancora completamente "persa". Non è poco.

MARCO AFFRONTE

CETACEI

Cosa minaccia i delfini adriatici

ACCOBAMS è una sigla lunghissima che sta grosso modo per "Accordo per la conservazione dei Cetacei del Mediterraneo e del Mar Nero". L'ACCOBAMS è un insieme di ricercatori e enti di ricerca di diverse nazioni affacciate su questi due mari, che lavora per la conservazione di balene e delfini, e che produce ottime documentazioni sullo stato di salute di questi mammiferi marini.

A marzo del 2006 ha pubblicato un aggiornatissimo report sulle condizioni delle popolazioni di delfini e balene del Mediterraneo, e quindi anche del nostro Adriatico. E i risultati non sono particolarmente incoraggianti. Delle otto specie regolarmente presenti in Mediterraneo, due sono classificate come in altissimo pericolo di estinzione, altre due come vulnerabili (alto pericolo di estinzione) e di ben quattro non ci sono dati sufficienti per decidere.

In Adriatico l'unica specie regolarmente presente è il tursiope (*Tursiops truncatus*), cioè il delfino più conosciuto, il classico *flipper* dei telefilm e di tanti delfinari. La popolazione di tursiopi in Mediterraneo è considerata vulnerabile, cioè come detto ad alto rischio di estinzione. E in Adriatico la situazione è ancora peggiore. Infatti i compilatori del report sottolineano che se la popolazione dei tursiopi dell'Adriatico fosse considerata separatamente, essa sarebbe catalogata come *endangered*, cioè ad altissimo rischio di

estinzione.
I dati infatti mostrano un declino dei delfini in Adriatico, intenso e rapido: si parla di una riduzione del 50%, negli ultimi 50 anni.
A rendere il quadro un po' meno preoccupante è l'idea che il declino sia stato causato anche, almeno fino agli '70-80, da una vera e propria "caccia al delfino". Questo mammifero veniva infatti visto come un competitore che predava le stesse specie di pesci che noi mangiamo, così veniva attivamente cacciato e ucciso come si fa per le specie "infestanti". Al punto che nel 1939 il Ministero per l'Agricoltura e le Foreste emanò un Decreto che stabiliva una taglia di 50 lire (cioè una settimana di paga di un operaio...) per ogni delfino ucciso; il premio saliva a 100 lire per ogni femmina gravida. Per "certificare" la cattura bisognava consegnare alle autorità la testa e la coda... questo Decreto ora non esiste più e i Cetacei sono tutti, a diversi livelli, specie protette. Ma ancora molte minacce ne mettono in pericolo la sopravvivenza: la riduzione delle loro prede a causa di una pesca eccessiva, il progressivo degradarsi dei loro ambienti naturali (inquinamento, cambiamenti climatici), le catture accidentali in attrezzi da pesca.
Molto lavoro c'è ancora da fare, per salvaguardare questi nostri amici adriatici.

Delfini sloveni

La Slovenia si affaccia sulla parte più settentrionale
dell'Adriatico, con uno stretto lembo di terra che si
sviluppa su appena 46 km di costa. Studiare i delfini
"sloveni" non è possibile, nel senso che non esistono,
ovviamente, delfini legati a un'area di mare così
ristretta, ma semmai animali che si muovono in un
areale più ampio (golfo di Trieste, Croazia
settentrionale) che comprende anche le acque
nazionali slovene.
Eppure, sebbene in un pezzetto di costa così limitato,
ben due associazioni slovene si stanno impegnando
nello studio e nell'osservazione in mare dei delfini di
quell'area. Esse sono l'associazione Vivamar (che è
stata anche partner del progetto internazionale
guidato da Provincia di Rimini e Fondazione Cetacea
chiamato Adria-Watch) e il gruppo Morigenos.
I dati resi noti da Vivamar provengono da uno studio
condotto dal 2001 al 2005 in un'area di circa 140 km
quadrati comprendenti tutte le acque slovene, la parte
più meridionale del Golfo di Trieste e l'area
settentrionale della penisola istriana. La ricerca à stata
realizzata sia utilizzando una piccola imbarcazione
(5,11 metri) per osservazioni dirette, sia dei questionari
distribuiti a pescatori, diportisti e autorità. In
quell'area gli avvistamenti sono abbastanza "facili" e le
osservazioni sono risultate molto più concentrate nel
periodo primavera-estate (82%). Interessante anche,

nei mesi caldi estivi, la distribuzione oraria degli avvistamenti: solo il 2% dei delfini si è fatto vedere nella fascia dalle 11 alle 18, tutti gli altri o nel primo mattino o nel tardo pomeriggio/sera.

I gruppi mostravano una composizione molto variabile, andando dall'avvistamento di un animale singolo, fino a gruppi di 40 individui.

Il lavoro dell'altra associazione, Morigenos, è iniziato un anno dopo, nel 2002 e i dati di cui ci occupiamo qui arrivano anche in questo caso al 2005. Le osservazioni sono state fatte tramite imbarcazioni, oppure anche direttamente da terra, per circa due mesi all'anno.

Questa attività ha permesso loro di "incontrare" i delfini per 51 volte e 55 esemplari sono stati foto-identificati: cioè, grazie a foto particolareggiate della pinna dorsale, questi soggetti sono stati distinti e catalogati e risultano ora sempre riconoscibili. Questa tecnica è fondamentale per studiare le popolazioni di delfini, in quanto consente di valutare diverse cose di un gruppo: se gli animali avvistati sono sempre gli stessi, se un particolare delfino sta sempre insieme ad altri animali "amici" o se il gruppo è fluido, quale è la storia riproduttiva di una femmina, se il gruppo accoglie animali nuovi o se perde esemplari che se ne vanno, etc.

In questo caso per esempio si sono messi a confronto i 55 delfini riconoscibili, con i 238 già foto-identificati nelle acque croate da precedenti studi e si è visto che... non ci sono corrispondenze. In pratica nessuno dei delfini identificati in Slovenia era già stato visto nelle acque croate più settentrionali. Questo è molto strano in quanto risulterebbe che siamo in presenza di due popolazioni locali, che vivono separate tra loro. Un altro punto interrogativo sul quale solo future ricerche potranno gettare luce.

Delfini veneziani

Abbiamo appena parlato dei delfini del nord Adriatico, ricordando come essi siano apparentemente e fortemente in declino nell'area, negli ultimi cinquanta anni, e come una specie delicata come il delfino comune (*Delphinus delphis*) abbia ormai lasciato campo libero all'unico delfino oggi residente in Adriatico settentrionale: il tursiope (*Tursiops truncatus*).

Diversi ricercatori, non tantissimi per la verità, vista anche l'estensione limitata dell'area, stanno lavorando sulla popolazione di tursiopi di queste acque, con risultati interessanti, seppur in qualche modo limitati. E tutti sono d'accordo che il dato più sorprendentemente... mancante è: quanti sono?

Manca cioè una stima di abbondanza dei delfini che vivono o visitano l'Adriatico del nord. Soltanto per l'area croata del Quarnaro oramai gli studi si sono attestati su un numero abbastanza preciso: circa 130 esemplari nuotano tra le isole più settentrionali della Croazia.

In tutto il resto dell'area, segnalazioni e avvistamenti riportati da pescatori e diportisti appaiono numerosi e frequenti, ma se si tratti di diversi gruppi, o di un'unica "comitiva" in movimento, resta un mistero.

Fra le ricerche in corso, che coprono aree più o meno vaste, interessanti sono i dati ottenuti dall'Istituto Tethys in un'ampia area, grosso modo prospiciente il

Golfo di Venezia e il delta del Po. Lo studio fu condotto in due *tranches*, in parte sovrapposte: la prima dal 1988 al 2002 fu effettuata raccogliendo avvistamenti nell'area, in maniera, per così dire, casuale. Si ottennero 113 avvistamenti, di cui circa una metà ritenuti affidabili.

Nel 2001 poi i ricercatori cominciarono ad utilizzare in maniera più sistematica una veloce imbarcazione di 7 metri, mentre dal 2003 gli osservatori vennero imbarcati su navi oceanografiche lunghe dai 24 ai 35 metri.

Nel 2001 e nel 2002, muovendosi con la barca più piccola, relativamente sottocosta, furono percorsi rispettivamente 2000 e 3500 km, con il risultato di appena tre avvistamenti il primo anno e 10 il secondo.

Negli anni successivi, con le imbarcazioni più grandi furono percorsi un totale di 6500 km, che portarono a 56 avvistamenti. Tutti le segnalazioni riguardavano tursiopi.

In pratica, si ottenne l'avvistamento di un gruppo di delfini ogni 100 km. Gli avvistamenti andavano dall'animale singolo fino a gruppi di massimo 25 esemplari, con una media per gruppo di circa 6 esemplari (5,9). Come si vede, valori non certo particolarmente significativi.

Interessante è poi la comparazione, possibile negli ultimi quattro anni grazie all'utilizzo di navi oceanografiche del CNR, fra gli avvistamenti e alcuni parametri dell'acqua. Risulta che la probabilità di incontrare delfini, almeno nel periodo estivo, è molto maggiore nei punti dove la concentrazione di ossigeno nell'acqua è più alta. Dove c'è molto ossigeno ci sono molte alghe, le quali attirano pesci che se ne cibano, e che a loro volta sono prede dei delfini.

Questa correlazione fra ossigeno disciolto e presenza di delfini può essere molto importante e da tenere presente nelle future ricerche nell'area, che si spera possano essere sempre più numerose e diffuse, per conoscere meglio questi intelligenti abitanti del nostro mare.

Delfini ravennati

Abbiamo diverse volte sottolineato come manchino studi sulle popolazioni di delfini dell'Adriatico, e in particolare sul lato italiano.

Risulta per cui maggiormente apprezzabile l'attività di una piccola associazione, chiamata Oceanomare, che nel 2001 e nel 2002 si è concentrata sullo studio degli avvistamenti di Cetacei in acque molto più vicine a casa nostra.

Con mezzi molto più convenzionali di quelli usati nelle indagini "aeree" di cui parleremo qualche pagina più avanti, e cioè dei gommoni a motore, le ricercatrici Francesca Triossi e Raffaella Tizzi hanno esplorato un'area di mare fra Marina di Ravenna e Cesenatico. Più precisamente l'area di studio era ampia 280 miglia quadrate, a una distanza massima dalla costa di 17 miglia. La profondità media si aggirava sui 20 metri, con punte di trenta.

La zona presa in considerazione è esposta ad un'elevata attività antropica, soprattutto per la presenza di numerosissime piattaforme metanifere. Queste strutture da una parte rappresentano un potenziale rischio a causa dell'aumentato traffico navale (ma in un raggio di 500 metri da ogni piattaforma la navigazione è vietata), dell'inquinamento acustico e della possibilità di contaminazione chimiche. D'altro canto, i basamenti e i piloni di queste piattaforme offrono un substrato su cui può fiorire una vita sottomarina molto varia e notevole. Proprio in questa area inoltre si trova il celebre relitto del Paguro, anch'essa una piattaforma per l'estrazione di gas, affondata nel 1965 e ora, dal 1995, zona di tutela biologica.

Tutto ciò, unitamente al fatto che i pescatori segnalavano con una certa frequenza avvistamenti di delfini in quel tratto di mare, rendeva molto interessante scoprire se questi mammiferi marini frequentassero regolarmente l'area, e con quale frequenza.

Lo studio si è svolto nei mesi da giugno a ottobre del 2001 e del 2002, con due uscite settimanali, compatibilmente con le condizioni meteo. Gli avvistamenti venivano regolarmente registrati con la loro posizione geografica e i delfini, quando possibile, fotografati per la loro successiva identificazione individuale.

Il lavoro si rivelò fruttuoso, e in totale vennero avvistati quasi 400 esemplari, 257 nel 2001 e 142 nel 2002. Tutti gli animali appartenevano alla specie regolarmente presente in Adriatico, il tursiope (*Tursiops truncatus*). Gli animali si trovavano costantemente in prossimità delle piattaforme metanifere, a volte solitari, molto spesso in gruppi. Nel 2001 il numero di esemplari che componevano i gruppi era in media di 14,2 individui. Nel 2002 invece i gruppi apparivano più piccoli, con mediamente 8,3 delfini.

Insomma gli animali c'erano. E forse la ricca vita che si

sviluppa attorno alle piattaforme, unitamente alle aree calme e tranquille in cui è vietata la navigazione, attorno ad ognuna di esse, possono rappresentare una buona attrattiva per i delfini, che secondo alcuni autori, si abituerebbero presto al costante rumore prodotto dal lavoro delle strutture.

Le autrici fanno però notare come nell'estate del 2002 la zona fosse stata colpita da una massiccia presenza di mucillagine. Il numero decisamente minore di avvistamenti e la ridotta composizione dei gruppi in quest'anno rispetto al precedente, potrebbe forse essere legato proprio alla presenza di questa fioritura.

Sono proprio studi come questi che mancano da sempre nel mare al largo delle nostre coste, e ci auguriamo che il lavoro delle due biologhe possa riprendere, e che altri possano unirsi ad esso.

Cetacei Albanesi

Nell'ottobre del 2006, in occasione della chiusura del progetto internazionale dedicato al monitoraggio dell'Adriatico "Adria-Watch", venne organizzato un convegno scientifico, a Cattolica (RN). Il convegno aveva come oggetto proprio i Cetacei, le tartarughe marine e gli squali dell'Adriatico.

A quel convegno fu invitato il dr. Sajmir Beqiraj, della Facoltà di Scienze Naturali di Tirana, in Albania.

Ricordiamo la sua relazione per due motivi, il primo è che fu una delle prime volte che informazioni di questo tipo, sulle acque albanesi, venivano comunicate in un contesto così ampio. Il secondo motivo è che purtroppo fu evidente come tali informazioni risultarono davvero scarse e superficiali.

La biologia dei grandi vertebrati marini dell'Albania resta un mistero. Ma qualcosa per la verità sembra ora muoversi, finalmente. Nel 2007 è stato pubblicato a nome della APAWA, cioè l'Associazione per la protezione della vita acquatica dell'Albania, il "Piano di Azione per la Conservazione dei Cetacei nelle acque albanesi".

Sebbene già nelle premesse venga chiaramente indicato che poco o niente esiste di pubblicato sui Cetacei delle acque di questa nazione, informazioni importanti, sebbene preliminari, sono contenute nel lavoro.

Intanto scopriamo che sono cinque le specie di Cetacei

sicuramente documentate. Tre di queste sono delfini: il tursiope, unica specie regolarmente presente più su, nel nord Adriatico, poi la stenella striata e il raro delfino comune. La presenza di queste tre specie di delfinidi è confermata da occasionali avvistamenti da parte di pescatori, da spiaggiamenti e da ricognizioni di ricerca.

Altra presenza rara ma confermata è quella del capodoglio, di cui ben 8 esemplari si trovarono in acque basse alla foce del fiume Mati, nel 1956. Erano cinque femmine e tre piccoli. Qualche giorno dopo uno dei cuccioli fu ritrovato spiaggiato molto più a sud.

Infine un esemplare di zifio fu catturato accidentalmente in una rete da pesca, nel 1976, nei pressi della città di Durresi.

Come già detto dati precisi su queste presenze ce ne sono davvero pochi. Di sicuro l'unica specie fra quelle citate che si può definire abbondante, pur in mancanza di studi, è il tursiope. Esso viene avvistato regolarmente e qualche volta, ad esempio nel 2003, ne sono stati osservati esemplari anche lungo il corso del fiume Buna (Albania settentrionale) dove hanno risalito le acque dolci fino a 35 km nell'interno.

La presenza del delfino comune è confermata da spiaggiamenti e avvistamenti, ma anche qui come ormai un po' ovunque in Mediterraneo, i pescatori dichiarano che lo hanno visto declinare drasticamente e rapidamente negli ultimi venti anni fino alla sua scomparsa quasi totale.

La stenella striata infine appare rarissima, e la sua

presenza pare confermata solo da avvistamenti riportati da pescatori, il che fa sorgere il dubbio che possano essere addirittura stati scambiati per stenelle quelli che in realtà erano dei comuni tursiopi.

E' un peccato che fino ad oggi siano mancati studi e ricerche su quest'area. I dati storici sarebbero serviti a confrontare la situazione attuale con quella passata e a dare informazioni sullo stato di conservazione di queste specie.

Il Piano di Azione

Speriamo che l'implementazione di questo Piano di Azione possa portare a maggiori risultati in un futuro prossimo. In effetti, in un mare come l'Adriatico, che ha volumi d'acqua limitati (fatte le dovute proporzioni, ovviamente) e circondato da terre, quello che una nazione fa, o non fa, rispetto alla tutela di una specie o di un ecosistema, ricade ovviamente anche sugli altri paesi. Non a caso lo strumento più efficace sarebbe un piano di azione condiviso e internazionale. Ma così non è, ed è invece una buona notizia che l'Albania abbia prodotto il suo Piano di Azione nazionale per la tutela dei Cetacei.

Abbiamo già visto come poco in realtà si sappia su quanti e quali siano i Mammiferi marini delle acque albanesi. Manca tutta la letteratura scientifica di riferimento.

Per questo motivo il primo punto del Piano recita proprio "Miglioramento delle conoscenze sui Cetacei in Albania". Facile a dirsi, meno a farsi. Gli strumenti per raggiungere lo scopo passano attraverso l'immancabile e necessaria raccolta delle informazioni già disponibili. Che sono poche se si utilizzano le pubblicazioni scientifiche, ma che qui si pianifica di integrare con interviste e incontri con scienziati ed esperti locali. Sempre in questo ambito di attività, ma siamo molto più sul concreto ora, sono i due punti seguenti. Il primo è l'attivazione di un network che monitori gli spiaggiamenti. Sappiamo bene quante informazioni preziose si possono ricavare dagli esemplari che giungono morti sulle spiagge. Il secondo e non meno importante passaggio vede l'avviamento di una campagna di avvistamento in mare, della durata di un anno, per stabilire la reale presenza e abbondanza di Cetacei in quelle acque. Un ottimo punto, a nostro avviso, anche se ci sembra che un anno non sia un tempo sufficientemente lungo per un'indagine di questo tipo. Inoltre è noto quali siano i costi di un'operazione del genere e quindi ci pare che sia su azioni come queste che si giochi la reale fattibilità del piano di azione.

Il quale poi prosegue con la seconda azione, che ancora riportiamo alla lettera: "Ridurre le interazioni tra i Cetacei e le attività umane". Questa si pone come primo obiettivo la redazione di un "inventario" delle possibili interazioni appunto fra le attività umane che possono impattare sulle popolazioni di Cetacei nell'area. Il secondo proposito è invece quello di "mitigare le interazioni fra questi animali e le attività di pesca", anche tramite l'utilizzo di strumenti che possano ridurre le catture accidentali di Cetacei nelle reti o in altri strumenti. Qui ci pare che si voglia forse scegliere il bersaglio più comodo. Le interazioni fra pesca e Cetacei non sono sempre così verificate e, se lo sono, non paiono numericamente troppo rilevanti. Ben altre possono essere le attività umane con alto impatto sui Mammiferi marini (trasformazione degli ambienti naturali, inquinamenti chimici, disturbo causato dal traffico navale, cambiamenti climatici). Ma forse da qualche parte bisogna pure cominciare...

La terza e ultima azione punta infine a una definitiva "Protezione dei Cetacei e dei loro habitat". Si passa alla fase operativa quindi, con la promulgazione di leggi e regolamenti ad hoc, con l'eventuale istituzione di aree protette e infine, così recita il documento, con il "cambiare l'attitudine negativa dei pescatori e del pubblico verso i Cetacei". Preferiamo pensare che non ci sia, in Albania, un'attitudine negativa del pubblico verso i Cetacei, quanto semmai una mancanza di informazione e una conseguente scarsa sensibilità verso queste specie e verso gli ambienti marini in generale.

Resta il fatto che, seppur con qualche leggerezza qua e là, l'elaborazione di un Piano di Azione nazionale sia un bel passo avanti per questo Paese e anche per la salute del nostro mare. Purchè dalle parole si passi ai fatti.

Delfini dall'aereo

Abbiamo già scritto come non esistano stime di abbondanza sul numero di Cetacei che popolano il nostro mare. Così come abbiamo ricordato che l'unica popolazione abbastanza ben conosciuta, anche numericamente, è quella dei delfini che abitano le acque delle isole croate settentrionali (Lussino, Krk, etc.), l'area del Quarnaro. Nei primi anni novanta infatti grazie al lavoro di una associazione italiana, l'Istituto Tethys, erano stati foto-identificati (cioè riconosciuti singolarmente tramite immagini fotografiche) 106 delfini.

Quello che ostacola questi studi, oltre alla difficoltà di fare ricerca in un ambiente difficile e troppo diverso dal nostro come il mare, è soprattutto la carenza di mezzi. Gli strumenti, le tecnologie e le metodiche ci sarebbero anche, ma hanno costi decisamente elevati e sono le risorse economiche che, come al solito, mancano.

Un metodo, certo non troppo economico, ma che quanto meno può far risparmiare tempo e dare un'indicazione di massima sul numero di delfini in una certa area, è quello proposto e attuato il 27 dicembre 1998 dai ricercatori dell'Università di Zagabria. Il lavoro ha dato origine a una relazione scientifica, facilmente reperibile anche in rete, la quale, è bene premetterlo, ha suscitato nel mondo della ricerca molte, e in gran parte meritate, critiche per alcuni aspetti di metodo e di elaborazione. Queste pecche non inficiano quanto vogliamo però esporre ora.

In pratica, quel giorno, i ricercatori di Zagabria hanno preso in affitto quattro piccoli aeroplani, dei Cessna, i quali volando simultaneamente su e giù lungo le coste croate, hanno cercato di stimare appunto il numero dei delfini avvistati. Ogni aereo aveva a bordo uno o più osservatori (con tanto di strumentazione per gli avvistamenti) più il pilota, e volava seguendo una rotta stabilita in precedenza a tavolino, facendo in modo che le sovrapposizioni fra le rotte fossero minime.

Volarono per un totale di 4000 chilometri, riuscendo ad osservare da ogni aereo una fascia di 4 chilometri di superficie marina, per un totale di 15560 chilometri quadrati di mare "indagati".

In totale riuscirono ad osservare 16 gruppi di delfini, per un totale di 80 individui adulti e 8 cuccioli. Per la verità i gruppi erano molto vari nel numero di animali che li componevano. Se la media degli individui era infatti di 5,5 per ogni gruppo, è anche vero che un delfino faceva gruppo a sé, cioè era da solo, e c'erano tre gruppetti di solo due animali. Il gruppo più numeroso era composto da 11 individui, tutti adulti, ma non sono mancati avvistamenti anche di 10 o 9 delfini insieme.

Da notare, magari per chi volesse fare avvistamento di delfini in acque croate (comunque abbastanza facile) che solo un gruppo si trovava in acque aperte, per la precisione a circa 19 chilometri dalla costa. Tutti gli altri avvistamenti sono avvenuti nelle acque interne e comunque a meno di 5 chilometri dalla costa più vicina.

Questo studio ha la grossa pecca di essere stato concentrato in un giorno solo (al di là delle mancanze in fase di elaborazione) e dunque può fornire davvero poche indicazioni in ambito più generale. Resta il fatto però che utilizzare surveys aerei, benché costoso e logisticamente laborioso, resta un metodo interessante per valutare il numero di cetacei in un'area di studio.

Un delfino poco... comune

Risale a dicembre 2006 la notizia dell'estinzione di una specie di delfino. Si tratta del baiji (*Lipotes vexillifer*), un particolare delfino di acqua dolce, che viveva nel fiume Giallo in Cina. E' la prima estinzione di una specie di Cetaceo causata dichiaratamente dall'uomo. Una pessima notizia, dunque.

Il delfino di cui parliamo qui invece, il delfino comune (*Delphinus delphis*), comune non lo è affatto, nonostante il nome, e non rischia l'estinzione, perlomeno a livello globale, mentre è la popolazione mediterranea di questa specie che sta rischiando; quanto a quella adriatica... non esiste più.

Il Delfino comune è un animale estremamente grazioso; piccolo, non supera i 2,3 m, affusolato, agile e scattante, ha un bel disegno sui fianchi che ricorda una clessidra, parte della quale può avere un particolare color crema, senape o ocra. E' una specie che vive in gruppi anche molto numerosi.

Una volta diffuso in tutto il bacino mediterraneo, la sua popolazione negli ultimi 30-40 anni si è come... ritirata. Ne sono rimasti infatti ormai solo dei gruppi in alcune aree: nel mare di Alboran, nel Tirreno meridionale fino al canale di Sicilia, nella Grecia ionica e nell'Egeo.

Ci sono foto e documenti che dimostrano come il Delfino comune fosse, fino a qualche decade fa, il cetaceo più comune nelle acque adriatiche.

Il declino, che poi è diventata scomparsa, del piccolo cetaceo dalle acque nord-adriatiche è iniziato e si è compiuto a metà del secolo scorso, fino agli anni '60 circa, quando un'intensa campagna di "caccia" a questi animali (in competizione con la pesca), supportata da leggi dello stato, è stata portata a termine. Non solo: il delfino comune è specie molto meno robusta e resistente, anche ai cambiamenti ambientali, rispetto per esempio al tursiope, delfino costiero grosso e tenace. E infatti proprio il tursiope ha oggi in qualche modo, preso il sopravvento prima, e sostituito poi, il Delfino comune nel nostro mare, risultandone oggi l'unico cetaceo regolarmente presente.

In effetti, oltre alla campagna di catture di cui si parlava sopra, altre cause pare abbiano allontanato il Delfino comune da queste acque: cambiamenti (leggi degrado) ambientali, diminuzione delle prede, forme di inquinamento chimico hanno progressivamente cancellato il delicato cetaceo dall'Adriatico.

Come abbiamo visto comunque, tutta la popolazione mediterranea di questi delfini ha subito lo stesso destino, al punto che nel novembre 2003, tale popolazione di Delfino comune è stata inserita nella Lista Rossa delle specie minacciate, come *endangered*, cioè in pericolo.

Tursiopi e reti a strascico

Studiando la biologia dei Cetacei, in particolare dei delfini, non è raro sentire parlare di competizione uomo-delfino. In effetti, molto spesso, le prede di cui si nutrono delfini e uomini, sono in pratica le stesse. I territori di caccia dei mammiferi marini possono sovrapporsi alle aree di pesca battute dai pescherecci, ed ecco che la competizione diviene effettiva. In un'area molto ristretta, e molto pescata, come il bacino Adriatico, tale sovrapposizione può essere quasi completa.

Spesso, molto spesso, capita di sentire i pescatori lamentarsi della presenza dei delfini durante le cale di pesca. Il danno provocato dai cetacei in genere si riassume in tre forme: i delfini spaventano i pesci allontanandoli da un'area di pesca, oppure, più di frequente, i delfini rubano i pesci dalle reti, o peggio ancora le rompono, sempre per sottrarre il pesce. Esistono non pochi studi e prove di questo, regolarmente pubblicati.

Ci piace qui concentrarci su uno studio, non recentissimo (parliamo del 2001), ma effettuato in centro Adriatico, nelle acque del compartimento marittimo di Fano. I ricercatori, a bordo di un peschereccio che praticava lo strascico, hanno assistito a un totale di 40 cale, di durata media pari a 80 minuti, e su un'area pressappoco di 2000 chilometri quadrati. Le pescate fruttarono la cattura di 20 specie commerciali diverse, fra le quali le maggiori erano rappresentate, in ordine di frequenza, da triglie, moscardini, spinaroli, merluzzi, pagelli, sgombri e mormore.

In ben 29, su quaranta lo ricordiamo, di queste cale i delfini si fecero vedere attorno alle reti. Non solo, ma seguirono tutta la durata della cala, fino alla salpata. Mentre la rete era issata a bordo della nave, il branco di delfini si avvicinava molto a questa, evidentemente aspettando una nuova calata. Mentre le rete lavorava sul fondo, i delfini si producevano in immersioni molto lunghe, in pratica raggiungendo la rete sul fondo, per catturare, sottraendolo, il pesce.

Il dato più interessante emerge nelle catture dei moscardini, che sono piccoli calamaretti. Ecco cosa hanno scoperto gli studiosi: nelle 29 cale accompagnate dai delfini, nelle reti vennero trovati un totale di meno di 35 chilogrammi di moscardini. Invece, nelle 11 cale in cui i delfini non si fecero vedere, le reti portarono a bordo ben 180 chili di moscardini!

E' evidente dunque che i delfini riescono a sottrarre con molta efficacia i moscardini dalle reti a strascico. Ma perché proprio i moscardini? Perché sono più facili da catturare, chiaramente. Infatti, i tursiopi che si alimentano sulle reti a strascico, una volta raggiunto il fondo nuotano nei pressi dell'estremità del sacco finale della rete e usando il rostro, ne forzano le maglie allargando i fori. In questo modo possono sfilare la preda che sta all'interno del sacco. Questa operazione con i piccoli calamari è più facile, in parte perché questi possono già sporgere dal sacco con i tentacoli e poi perchè, a causa del loro corpo molle, passano agevolmente tra le maglie della rete.

E' evidente che, almeno per alcune specie di pescato, il danno commerciale causato dai delfini può essere rilevante. Come possono i pescatori difendersi dall'*attacco* dei delfini? Il metodo più semplice è... rassegnarsi e semplicemente allontanarsi dalla zona in cui vengono avvistati i cetacei; in alternativa i pescatori cercano di passare con il peschereccio vicino a un'altra barca da pesca, nella speranza che i delfini cambino... vittima.

Esistono però anche degli strumenti, detti *pingers* che attaccati in un certo numero alle reti, emettono un suono intermittente, che spaventa i piccoli cetacei. Questo in teoria; nella pratica non funzionano troppo bene perché dopo poco i delfini si abituano al suono e non ci fanno più caso o, peggio, lo associano proprio alla presenza di una rete, e dunque seguendolo trovano da mangiare: in pratica l'effetto opposto a quello cercato.

La storia di Jotsa

Con il termine di *solitary dolphin* viene di solito inteso un delfino che ha pochissimi o nulli rapporti con altri conspecifici, e che regolarmente si avvicina agli esseri umani, spesso includendo contatti e comportamenti sociali, sessuali o di gioco.

Di solito all'inizio si ha la presenza di un delfino in una zona poco frequentata da altri delfini e invece regolarmente frequentata dall'uomo, al quale l'animale gradualmente si abitua. Questa assuefazione può poi evolvere nel delfino che reindirizza i suoi comportamenti sociali verso esseri umani.

E'difficile comprendere o valutare cosa il delfino tragga da questo rapporto con una specie diversa dalla sua. Eppure in molte situazioni è risultato evidente come il delfino cercasse attivamente l'interazione con le persone. Non sempre, anzi quasi mai, questo porta buone conseguenze per l'animale. Molti delfini solitari finiscono feriti o uccisi, casualmente o meno.

Nel mondo pare che il fenomeno dei delfini socievoli e solitari sia in aumento, e ad oggi si contano ormai una novantina di casi del genere, alcuni anche molto famosi, con migliaia di persone accorse nel tempo a vedere e a giocare con questi animali.

In Adriatico è famosissimo il caso del delfino Filippo, vissuto per anni nel porto di Manfredonia (ne parliamo in altra parte del libro), ma spulciando nei documenti si trova anche la storia della delfina Jotsa.

Nell'attuale Montenegro, le bocche di Cattaro (Kotor), un'articolata serie di profondi bacini perfettamente riparati dal mare aperto, costituiscono il più grande porto naturale del mar Adriatico e ricordano vagamente, per la loro forma frastagliata, i fiordi norvegesi.

In questa baia, negli anni '70-'80, viveva abbastanza stabilmente un gruppo di delfini, che pare fossero poi stati allontanati a fucilate dai pescatori locali. Dai piccoli di questo gruppo proveniva la delfina Jotsa, che a partire dal 1988 cominciò a frequentare questa baia, e divenne ben presto avvezza agli esseri umani. Presto divenne "famosa" nell'area e i bambini impararono a chiamarla, battendo dei colpi sullo scafo di una barca. Jotsa non fu mai veramente una delfina solitaria, nel senso che non lasciò mai il suo gruppo di delfini, ma quando lei si avvicinava per interagire con gli esseri umani, gli altri delfini restavano a guardarla da lontano. Pian piano permise alle persone sulle barche di avvicinarsi sempre più, al punto di farsi grattare con sommo piacere la pancia!

Nel 1990 all'improvviso scomparve, salvo riapparire qualche mese dopo in compagnia di un cucciolo, probabilmente suo. Nel 1991 due ricercatori francesi arrivarono nella ex-Yugoslavia per vedere e nuotare con Jotsa. Erano un ragazzo e una ragazza, e riportarono in un articolo la loro strana esperienza. Quando furono in acqua con la delfina, questa divenne ben presto aggressiva con la ragazza che fuggì dall'acqua con un occhio nero, per un colpo di coda.

Jotsa aveva "scelto" di giocare solo con il ragazzo e aveva dunque costretto la ragazza ad andarsene. Ancora nel 1991 la delfina fu vittima di una mina galleggiante che però fortunatamente non le procurò troppo danno, e negli anni successivi gli avvistamenti continuarono, a volte da sola, a volte insieme ad altri delfini. Per un gruppo di 150 bambini, orfani di guerra, Jotsa divenne un'amica e una compagnia che sollevava i loro animi, appesantiti dalle tragedie della guerra.

Purtroppo Jotsa morì nel 2001, uccisa dalla dinamite usata illegalmente dai pescatori. Una statua è stata costruita in suo ricordo; la statua ha lo sguardo rivolto verso l'orfanotrofio che si trova proprio sul mare. Questi bambini, ormai grandi, di certo la ricordano ancora.

Filippo di Manfredonia

Abbiamo appena letto la storia della delfina Jotsa, che viveva a contatto della gente in un porto naturale, nel Montenegro. Ma parlando dei cosiddetti delfini solitari e socievoli con l'uomo, in Adriatico la figura da protagonista è rivestita dal celebre delfino Filippo, vissuto nelle acque del porto di Manfredonia dall'estate del 1997 a quella del 2004.
Difficile raccontare in poche righe la lunga e controversa storia di questo animale, che diventò ben presto, forse suo malgrado, un'attrazione turistica.
Pare che i primi veri contatti fra il delfino e gli esseri umani, si ebbero nella tarda estate del 1997. Ma non è detto che Filippo non frequentasse la zona già da tempo. Si racconta infatti che anche prima del 1997, la zona degli allevamenti di mitili fosse frequentata da una coppia di delfini. Quando uno dei due fu trovato morto, il secondo, rimasto solo, ha continuato a frequentare gli stessi luoghi, mostrando interesse anche per le barche e per i sub che pescavano mitili e frutti di mare. Pian piano la diffidenza di Filippo per le imbarcazioni dei sub parve scemare. E ben presto si lasciò anche avvicinare e toccare dai pescatori e poi anche da diportisti e curiosi.
La notizia si sparse in fretta, fino a raggiungere poco per volta giornali e televisioni: Filippo di Manfredonia era diventato famoso.
Il tempo passava, e la timidezza di Filippo svaniva con

la consuetudine. Dalla primavera del 1998, Filippo entra e si stabilisce dentro al porto di Manfredonia. Le barche non fanno più paura, gli uomini nemmeno. Ormai chiunque tentasse di interagire con l'animale, non più solo i pescatori, riceveva la sua gratifica dal delfino del porto di Manfredonia.

Ovviamente qui cominciano anche i problemi, per il cetaceo. Nell'ottobre del 2001 per ben due volte nell'arco di pochi giorni il Comitato per la difesa del delfino, in collaborazione con la Guardia Costiera, deve intervenire. Nel primo caso per rimuovere un filo di nylon, una lenza probabilmente, attorcigliato al rostro e ai denti. Quattro giorni dopo, di nuovo diversi fili di nylon sono attorcigliati attorno alla testa di Filippo, che con fatica viene liberato. In ogni caso, spesso si notano, sul corpo di Filippo, ferite, abrasioni varie, bolle di natura incerta sul dorso. Alcune è lo stesso Filippo che se le procura, mentre caccia alla ricerca di cibo, altre forse sono procurate dall'uomo.

Il 20 luglio del 2001 la Capitaneria di Porto di Manfredonia si vede praticamente costretta ad emettere un'ordinanza a tutela di Filippo, poi seguita da una seconda più avanti.

Questo rapporto di amore/odio fra gli uomini e Filippo rimarrà una costante nella vita del delfino di Manfredonia. Alla gioia e alla soddisfazione di tante persone che cercano Filippo e lo trovano, lo vedono, lo fotografano, e magari non resistono alla tentazione di accarezzarlo, si contrappongono comportamenti negativi verso l'animale, dal disturbo alle ferite causategli, molto spesso in maniera accidentale. Si parla di gruppi di venti persone che si tuffano in acqua per "giocare" con lui. Di bagnanti che lo accerchiano e lo chiudono contro gli scogli, per averlo a disposizione. Di natanti che gli lanciano oggetti o trascinano i parabordo in acqua per vederlo saltare...

Insomma la situazione degenera fino alla, forse inevitabile, conclusione: il mattino del 6 agosto 2004, Filippo fu trovato morto. Il suo corpo senza vita galleggiava nelle acque in prossimità del porto che aveva scelto come residenza.

Si ipotizza che la morte sia sta causata dall'impatto con un'elica o con la chiglia di una barca. Ma l'idea più probabile, seguita all'autopsia, è che il trauma si stato causato da una bomba artigianale, di quelle usate nella pesca di frodo. Nel corpo del delfino furono trovati anche dei pallini da caccia, lì da diverso tempo. A dimostrazione di come non tutti gli uomini abbiano amato questo sfortunato animale, che aveva "scelto" di vivere a contatto con gli esseri umani.

Delfini marezzati: i Grampi

Molto probabilmente, se non fosse stato per il clamoroso spiaggiamento e successivo salvataggio, nel 2005, della ormai famosa Mary G., molte persone forse nemmeno saprebbero oggi cosa è un grampo. Con questo nome si indica una specie di delfino, il cui nome scientifico è *Grampus griseus*, che può raggiungere tranquillamente i quattro metri di lunghezza. Esso è caratterizzato da una testa particolarmente tondeggiante, solcata sulla "fronte" da una incisione a V, e priva del rostro, cioè il tipico "becco" pronunciato. Il grampo è noto e facilmente riconoscibile, inoltre, per avere una livrea grigia che nell'età adulta si ricopre progressivamente di striature bianche.

La specie è, ed è sempre stata, del tutto accidentale in Adriatico, sebbene già attorno al 1860 si collochi la prima segnalazione, alla quale si aggiungono, dal 1860 al 1900, altre quattro catture nelle acque del Veneto, una in Istria e quattro ancora nei pressi di Zara (Zadar) in Croazia. Tali sporadici avvistamenti continuano anche ai giorni nostri e, con l'eccezione di tre individui visti insieme nel 1993 nel Golfo di Trieste, normalmente sono sempre segnalazioni di esemplari singoli, forse smarriti o raminghi.

Questo ovviamente fino al giugno del 2005, quando Mary G. e sua madre si infilarono nel porto di Ancona, dove la femmina adulta, malata ed estremamente debilitata, cercava probabilmente riparo per sé e per la piccola. Com'è noto vennero poi recuperate dalla Fondazione Cetacea e ospedalizzate all'ex Delphinarium di Riccione, dove la madre morì dopo poche ore, mentre la piccola, ribattezzata Mary G., protagonista di una gara di solidarietà senza precedenti, riuscì ad essere curata prima, e svezzata e cresciuta poi, dal Gruppo di Pronto Intervento della Fondazione Cetacea, fino al trasporto alla sua attuale casa, la laguna del parco Oltremare, e dove è tuttora accudita dai trainer del parco stesso.

Mary G. è l'unico grampo in ambiente controllato al mondo, se si esclude il Giappone, ma non è l'unico grampo con cui ha avuto a che fare la Fondazione Cetacea nelle nostre acque.

Una femmina di 2,94 metri si è spiaggiata morta l'11 ottobre 1993 a Porto Garibaldi (FE), mentre un maschio di 2,98 metri si spiaggiò anch'esso già morto, il 18 marzo del 2002 a Cupra Marittima (AP). Incredibile come, oltre a Mary G. e alla sua mamma, altre due grampi si siano spiaggiati ancora vivi, in un breve lasso di tempo, sulle nostre coste. Il primo, un maschio, fu trovato il 3 luglio del 2000 alla foce del Bevano, nei pressi di Ravenna: misurava ben 3,25 metri. Il secondo, ancora un maschio di 2,98 metri, si spiaggiò a Lignano Sabbiadoro (UD) il 5 maggio 2001. Entrambi furono ospedalizzati dalla Fondazione Cetacea e, al contrario di quanto detto della "fortunata" Mary G., entrambi morirono dopo pochi giorni.

Globicefali!

Domenica 23 maggio 2010, il sig. Fabio Innocenti, appassionato di mare e di pesca, è uscito con la sua barca per una delle prime escursioni della stagione. Si è diretto verso sud, al largo dunque di Misano Adriatico e Cattolica.

Quando si è trovato a circa 4 miglia dalla costa ha notato qualcosa di insolito, un po' distante da lui. "Sembrava un'onda strana, o forse un tronco galleggiante, ma si dirigeva veloce verso di me e non c'era vento".

Infatti ben presto si è visto avvicinato da tre delfini, ma molto particolari, non ne aveva mai visti di simili. "Dopo 5 minuti ero attorniato da tre grossi mammiferi di un colore strano, sicuramente grigio-scuro, un colore uniforme senza chiazze chiare. Poco belli da vedere." Così li descrive.

Scatta appena in tempo alcune foto, poi i tre animali prendono il largo.

Il giorno dopo invia le foto ad alcuni quotidiani locali. Uno di questi contatta Fondazione Cetacea, ed ecco la sorpresa. Quelli nelle foto sono sì delfini, ma di una specie molto particolare e normalmente non presente in Adriatico: i globicefali.

I globicefali (*Globicephala melas*) sono una specie di delfini che è abbastanza comune in Mediterraneo occidentale, ma praticamente assente nel bacino orientale e appunto nell'Adriatico.

L'unica altra segnalazione di globicefali nel nostro mare risale al 1920 circa (erano due esemplari catturati nella tonnara dell'isola di Rab, in Croazia).
Il sig. Innocenti ha poi descritto nei minimi particolari l'avvistamento. Ovviamente non si era reso conto di essere stato protagonista di un avvistamento eccezionale, anche se ripeteva che "delfini così non ne avevo mai visti prima".
Non c'è dubbio che i tre esemplari, che apparentemente erano in buona salute, fossero comunque fuori dalle loro rotte e aree abituali, e dunque ci si augura siano poi presto ritornati ad acque più consuete. In effetti, non sono più stati avvistati. Inutile ogni ipotesi sul perchè fossero qua.

Il globicefalo prende il suo nome dalla forma della testa, molto pronunciata e tondeggiante; presenta una livrea uniforme senza macchie (tranne che sul ventre quindi normalmente non visibili) e di colore nero o marrone. Ha corpo molto allungato, e raggiunge anche i 6 metri di lunghezza per 2 tonnellate di peso.
In inglese viene chiamato Pilot whale, cioè delfino pilota, perchè in genere forma gruppi che sembrano seguire un esemplare che li guida, il "pilota" appunto.
E' protagonista, in varie parti del mondo, di spiaggiamenti di massa molto numerosi (una volta in Norvegia, anche 1000 esemplari in una volta), e si dice che la causa sia proprio dovuta all'abitudine di seguire l'esemplare "pilota"; se questo si ammala e perde

l'orientamento, si spiaggia e gli altri lo seguono... In
realtà altre ipotesi sono forse più probabili.
Vive in genere in gruppi di alcune decine si esemplari,
e in Mediterraneo è comune nel mare di Alboran, alle
Baleari e nella porzione occidentale del Mar Ligure.
Meno frequente in Tirreno, diventa rarissimo in tutto
il bacino orientale.

La regina del Mediterraneo

La Balenottera comune (*Balaenopters physalus*) è la vera regina del Mediterraneo. Grande, lenta e maestosa ma anche veloce (raggiunge punte di circa 37 km/h) questo gigante raggiunge circa i 20 metri nell'emisfero boreale e addirittura i 25 nell'emisfero australe.

Ha una pinna dorsale piccola, falcata e molto arretrata, e corpo lungo e affusolato tipico dei balenotteridi. Caratteristica particolare e inspiegata della specie è la colorazione bianca del lato destro della mandibola, rispetto al lato sinistro, che è invece grigio.

Possiede, su ciascun lato della mascella, dai 260 ai 480 fanoni, cioè le lunghe setole che le consentono di filtrare l'acqua in cerca di piccole prede (plancton, piccoli pesci e minuscoli gamberetti).

Diffusa in tutto il mondo, ma più comune nelle acque temperate e nell'emisfero australe nel Mediterraneo è presente soprattutto nelle acque occidentali.

Il ciclo riproduttivo è strettamente legato allo schema stagionale delle sue migrazioni: le nascite avvengono in inverno, nelle acque calde delle basse latitudini. La gestazione dura 11-12 mesi. Lo svezzamento avviene intorno ai 6 mesi. La maturità sessuale è raggiunta in entrambi i sessi tra gli 8 ed i 12 anni di età. Animale prevalentemente solitario, di abitudini quasi esclusivamente pelagiche, forma in rari casi gruppi di 2-3 individui.

Specie in assoluto più longeva tra i Cetacei, vive fino a 90-100 anni.

Difficile pensare a un gigante simile in acque adriatiche, e in effetti alle nostre latitudini non arriva quasi mai. Spulciando vecchi archivi, prima del ventesimo secolo si segnala uno spiaggiamento, in località sconosciuta, nel 1771, un altro a Trieste nel 1831. Un esemplare di quasi 13 metri si spiaggiò poi sull'Isola di Pag, in Croazia, nel luglio del 1862. Stranamente sulla stessa isola, ma circa cent'anni dopo fu rinvenuto un altro esemplare di 11,5 metri (nel 1953).

Venendo ad anni più recenti, abbiamo avvistamenti e spiaggiamenti più accuratamente segnalati. Due balenottere si aggiravano alla foce del Po nel giugno del 1979, mentre nell'86 un giovanissimo di "soli" sette metri va a finire sulle spiagge di Lido degli Estensi. Come dimenticare poi l'esemplare di 14 metri trovato morto fuori Cesenatico, il cui scheletro fa bella mostra di sé al parco Oltremare, proprietà della Fondazione Cetacea?

Per arrivare a quello che fu definito da noi stessi, l'anno delle balenottere, il 2000.

Il 10 agosto la Fondazione Cetacea riceve notizia di un avvistamento nei pressi di Spalato, in Croazia, dove venivano segnalate in una insenatura, ormai da una decina di giorni, due balenottere, con ogni probabilità una madre con un piccolo. Misuravano infatti circa 20 metri l'adulto e circa 7 metri il piccolo.

Il 18 settembre ecco di nuovo l'allarme. Questa volta si

tratta di un solo esemplare, ma ci passa quasi sotto al naso. La Capitaneria di Porto di Rimini ci segnala infatti la presenza di una balenottera di circa 14 metri, ad appena un miglio e mezzo al largo di Bellaria, su un fondale di soli 7 metri!

Arriviamo ai primi di ottobre. Il 6 ottobre 2000 per la precisione, mentre le imbarcazioni preparano le attrezzature per la tradizionale "Barcolana", due o forse tre balenottere si fanno vedere all'ingresso del porto di Trieste. Si parla di un adulto e di un piccolo, più forse un terzo esemplare.

Ma non è finita. Alla fine di ottobre il Ministero dell'Ambiente croato comunica l'avvistamento, corredato di foto e di articoli di quotidiani locali, di un'altra balenottera solitaria che si aggirava, il 22 ottobre, in nord Adriatico. L'avvistamento è stato effettuato vicina alla città di Opatije, e le foto mostrano l'esemplare veramente vicinissimo alla costa.

Infine, nel mese di novembre, una balenottera di 10 metri, questa volte spiaggiata è stata rinvenuta a Karinsko More, una baia semi-isolata, nei pressi di Zadar, ancora una volta in Croazia.

La balenottera contesa

Queste segnalazioni hanno ovviamente un'importanza particolare che deriva dalla rarità di questa specie nelle acque dell'Adriatico, e per questo notevole è anche la storia di un avvenimento eccezionale e di un reperto di valore elevatissimo, avvenuta qualche anno dopo. Ed è forse anche la storia della sfortuna che ci si mette di mezzo e magari anche di un po' troppo protagonismo di certi personaggi.

Attorno al 16-17 di novembre 2007, la Capitaneria di Porto di Ancona allerta Fondazione Cetacea della presenza di un grosso cetaceo, galleggiante nelle acque presso gli scogli delle Due Sorelle, al promontorio del Conero. La carcassa pare attorno ai 10-11 metri e la Capitaneria dichiara di non riuscire a tentare un recupero per condurla su qualche spiaggia. Ci pensa il mare. Il 20 novembre infatti l'esemplare si va ad incastrare, ed ecco la prima sfortuna, fra gli scogli, sotto una parete a strapiombo, in località Passo del Lupo. Il posto è raggiungibile solo via mare.

Ci si organizza per un sopralluogo, che verrà effettuato giovedì 22. Nel frattempo però Luca Amico, responsabile della Protezione Civile di Numana, storico collaboratore di Cetacea, va a dare più di un'occhiata. Arrivano le prime foto: è una balenottera comune. Come abbiamo visto le segnalazioni di balenottera comune in Adriatico si contano sulle dita delle mani, e gli spiaggiamenti, ancora meno. I giornali locali danno ampio risalto alla notizia, riportando anche l'intenzione di Cetacea di affondare in mare la balenottera, per poterne poi recuperare l'importantissimo scheletro, come già fatto nel 1990 con la balenottera ora esposta a Oltremare.

Ma all'appuntamento del 22 al porto di Numana, i giornali locali freschi di stampa fra le altre cose riportano questa frase del sindaco di Sirolo: "La balena è stata rinvenuta nel territorio di Sirolo. Chi vuole appropriarsene ha sbagliato il tiro. Questi avvoltoi stiano a casa loro"...

E in effetti al porto si ritrovano un rappresentante dell'ASL di Ancona, la Capitaneria di Porto e un mare di giornalisti. E il sindaco di Sirolo, che ribadisce subito che lo scheletro non si tocca: Sirolo lo rivendica. Si accendono le discussioni.

Inizia comunque il sopralluogo con l'ausilio di due barche le quali però, arrivate sul posto, hanno difficoltà ad avvicinarsi alla carcassa a causa delle condizioni del mare. Dunque Luca Amico, insieme a una coraggiosa volontaria, scende nell'acqua gelida e burrascosa: i due raggiungono a nuoto la ripa rocciosa e poi la balenottera. Da lontano sono piccolissimi vicino al gigante e si capisce chiaramente che l'animale è decisamente più lungo della decina di metri riportati. Infatti i due fanno alcuni campionamenti biologici, e poi la misurano, e trovano che è lunga ben 17,5 metri! Solo la coda è larga più di tre metri. E' una femmina.

Al ritorno viene attivato un tavolo di discussione, nel corso del quale si sottolinea la necessità di agire in fretta perché è previsto mare pessimo. Il Comune di Sirolo chiede però di preparare un progetto dettagliato di recupero dello scheletro (operazione da circa 70-80.000 euro) con indicazione dei fondi e mezzi necessari. La sensazione è però quella di perdere tempo prezioso. E infatti i due giorni successivi, venerdì e sabato, c'è mare in burrasca con onde di cinque metri e surfisti che ci scivolano dentro che neanche in California.

E sabato la balena non è più lì, il mare l'ha ripresa e molto probabilmente l'ha anche frollata un bel po'. Finalmente, dopo altri tre giorni, il Comune di Sirolo si rifà vivo; valutato il progetto, i soldi promessi non ci sono, dunque a loro non interessa più, e lo scheletro è a disposizione di chi lo vuole.

Troppo tardi. Nel frattempo infatti la balenottera è stata avvistata, già da domenica, alla spiaggia San Michele, dove è diventata meta incessante di curiosi in continuo pellegrinaggio per vedere la strabiliante creatura marina.

Ma il disastro è ormai compiuto. L'esemplare è stato bistrattato dal mare, ed è in condizioni pietose. Il cranio è completamente perso, sfilato dalla carne e inghiottito dal mare, da qualche parte. Il recupero dello scheletro ora non ha più senso.

Purtroppo, un campione di enorme valore scientifico è andato perduto.

Resta però il problema della carcassa: dopo alcuni giorni di "esposizione" sulla spiaggia alla fine viene deciso, con un intervento forse discutibile, di ancorarla in mare, a poche miglia dalla costa. Fine della storia? Non proprio.

La primavera successiva (siamo nel 2008) cominciano ad arrivare delle segnalazioni che lungo la costa rocciosa fra Numana e Sirolo si trovano, sul fondale, le ossa sparse del grande cetaceo. Appassionati di snorkeling riportano per esempio avvistamenti di lunghe e bianche costole incastrate fra gli scogli. Una simpatica coppia di signori ogni tanto si presenta con qualche prezioso ritrovamento: una vertebra, una costola, altri pezzi "che non sappiamo cosa siano". Il mare e soprattutto gli organismi che lo popolano hanno lavorato bene, le ossa sono perfettamente ripulite e ben conservate. Alla fine i due signori portano anche una vertebra che avevano in un primo momento messo in giardino come esotico ornamento. La detenzione di questi reperti da parte di privati è reato ed è punibile con ammende anche pesanti, eppure siamo sicuri che molti avranno ora in casa il loro souvenir della grande balenottera.

Ma la caccia alle ossa continua e noi stessi in agosto organizziamo una spedizione di snorkeling insieme al Centro Sub Monte Conero: in un solo pomeriggio il bottino è rappresentato da tre costole e dalla parte occipitale dell'enorme cranio.

Alla fine i reperti raccolti contano una dozzina di costole, una parte del cranio, tre vertebre. Non si arriverà mai a ricostruire lo scheletro intero, ma anche queste parti hanno il loro valore, se non altro didattico e storico.

Il totem Capodoglio

E' il più affascinante, il più sbalorditivo, il meno "compreso" dei Cetacei viventi. E' il capodoglio (*Physeter macrocephalus*). Il capodoglio è un animale *totem*, una specie che attira studi e ricerche in tutto il mondo e della cui biologia e fisiologia conosciamo ancora molto poco, soprattutto perché è talmente fuori dal comune, che in qualche modo "spiazza" i ricercatori.

In questa specie il maschio può raggiungere 18 metri di lunghezza e 57 tonnellate di peso. La femmina, molto più piccola, può arrivare a 12.5 metri e pesare fino a 24 tonnellate.

Si trova nei mari temperati di tutti il mondo, compreso il Mediterraneo, dove abita soprattutto il bacino occidentale. La forma del capodoglio è inconfondibile. Ha un capo enorme che costituisce fino a un terzo dell'intera lunghezza dell'animale. Lo sfiatatoio è unico e posizionato all'estremità sinistra del capo. La pinna dorsale è bassa, arrotondata e una serie di gibbosità minori la seguono, digradando verso la coda. Le pinne pettorali sono corte e larghe. La pinna caudale, di forma triangolare, è molto larga.

La componente principale della sua dieta è rappresentata da calamari, grandi e piccoli, che si trovano nelle zone adiacenti la scarpata continentale.

Ma quello che sorprende di più è che il capodoglio è in grado di immergersi per un tempo superiore alle due ore e raggiungere i 3000 metri di profondità. E' ovvio che per un animale del genere, abituato all'abisso sotto di sé, le acque dell'Adriatico non rappresentino una particolare attrattiva. In effetti in questo mare la specie è meno che occasionale.

Anche per questo motivo assume rilevanza la pubblicazione, molto recente (2011), di un articolo sulla rivista scientifica internazionale Mammal Reviews, che fa un resoconto dettagliato di tutti gli spiaggiamenti o i ritrovamenti di capodogli in Adriatico, dal 1500 ad oggi.

Per specie sulla cui ecologia poco si conosce, e per di più per le quali si sospetta un declino nel numero di individui, studi sulla presenza attuale e storica assumono una fondamentale importanza.

E, come emerge dall'articolo, ecco che andando a mettere insieme tutti i dati, documenti e testimonianze storiche, scopriamo invece un numero di segnalazioni non trascurabile, e forse sorprendente.

La parte più rilevante della pubblicazione è senz'altro la lunga e dettagliata tabella che raccoglie appunto tutti gli spiaggiamenti o i ritrovamenti di capodogli in Adriatico, a partire dall'esemplare spiaggiato il 1 giugno 1555 a Pirano, in Slovenia, fino ad arrivare all'11 dicembre 2009, e alla storia ampiamente vista in tv e sulla stampa, dei sette capodogli spiaggiati, vivi, al Gargano (ne parliamo più avanti).

In totale, in questo lasso di tempo, si registrano un totale di 36 ritrovamenti di capodogli, che coinvolgono un totale di 68 animali. Molto interessante anche la disposizione sulla mappa dell'Adriatico, dei punti in cui sono avvenuti questi eventi: si nota infatti come il 44% di questi è stranamente concentrato in un tratto di costa di 280 km, quella che va da Rimini a Pescara. Forse la conformazione della costa, bassa e sabbiosa, può avere avuto un significato in questo.

In 21 casi su 36, gli animali coinvolti erano vivi, al momento dello spiaggiamento. Altro dato su cui riflettere è che fino alla metà del secolo scorso, i capodogli spiaggiati vivi venivano regolarmente e freddamente uccisi. Dal 1980 in poi questo atteggiamento è cambiato, sostituito dai tentativi di soccorrere e dunque salvare gli animali.

In 6 casi su 36, gli animali coinvolti erano più di uno. Fra questi appunto lo spiaggiamento pugliese del dicembre 2009, mentre gli altri spiaggiamenti di massa sono stati: 8 esemplari in Albania, nel giugno del 1956; 7 esemplari a Marzocca, vicino a Senigallia, il 12 aprile 1938; 6 esemplari a Novigrad, in Croazia, il 15 agosto 1853; 3 esemplari fra Porto S'Elpidio e Civitanova Marche, all'inizio del 1800; 7 o 8 esemplari ad Ancona, il 29 luglio 1584. In tutti i casi in cui gli animali coinvolti erano più di uno, si trattava di capodogli ancora vivi.

Molte altre informazioni sono ovviamente contenute nelle 18 pagine dell'articolo. In definitiva, un esauriente e sorprendente spaccato sul "rapporto" fra una delle specie di Cetacei più enigmatiche e affascinanti, e un piccolo mare che sa sempre stupire.

Come non ricordare poi il capodoglio spiaggiatosi a

Rimini nel 1943, che la leggenda (?) vuole si stato trasformato in... saponette? E Rimini torna ancora protagonista per il più recente spiaggiamento della serie, l'esemplare di circa 9 metri ritrovato il 29 gennaio 2005, a Viserbella.

La caccia industriale ha ridotto, nel XX secolo, di circa un terzo il numero di capodogli. Oggi i capodogli non sono più cacciati a scopo commerciale, o almeno non dovrebbero. I pericoli odierni sono rappresentati dalle reti derivanti e, nel Mediterraneo, dall'intenso traffico di mezzi di linea ad alta velocità. Si stima che attualmente ci siano, nei mari del mondo, circa 1.900.000 capodogli.

Lo spiaggiamento dei capodogli del Gargano

Nel dicembre 2009 si è verificato, presso Capoiale, in Puglia lo spiaggiamento eccezionale di sette capodogli. La notizia è più che risaputa, essendo apparsa per molto tempo su giornali, televisioni e web. Questo è il mio personale racconto.

La sera di giovedì 10 dicembre, mentre ero a cena ho ricevuto la telefonata del mio amico Giovanni, del Centro Recupero Tartarughe Marine di Manfredonia. Mi informava di quella che poi sarebbe stata la notizia del giorno dopo: un gruppo di capodogli (6, 10, 9... all'inizio i numeri erano confusi) si stava spiaggiando sulla costa settentrionale del promontorio del Gargano, nei pressi del lago di Lesina.
Ho subito contattato Sandro Mazzariol dell'Università di Padova, che fra le altre cose è a capo di un gruppo di intervento che lavora su grandi Cetacei, soprattutto praticando accurate autopsie, quando se ne presenta l'occasione. Sandro mi dice che è al corrente della cosa.
La mattina dopo i grandi cetacei sono ancora lì, sono sette in tutto (a quanto pare due sono stati visti allontanarsi) e tre sono già morti.
Sento di nuovo Sandro che mi dice che sul posto è intervenuto il Centro Studi Cetacei a coordinare le operazioni e che lui sta partendo per raggiungere il Gargano.
Pur non essendo a questo punto richiesta la presenza

di Fondazione Cetacea, alle 11 decidiamo che il fenomeno è troppo straordinario per non andare a dare un'occhiata. In quattro e quattr'otto siamo in macchina, destinazione Gargano.
Arriviamo là verso le 16, piove e il cielo è tutto coperto, la luce sta scemando velocemente. Ci mettiamo un po' a trovare il posto, poi un assembramento di auto indica chiaramente dove si sta svolgendo la tragedia. Scendiamo lungo il sentiero in mezzo alla pineta e siamo sulla spiaggia; alla nostra destra, un mezzo chilometro più in giù, un folto gruppo di persone e tante auto con i lampeggianti. Ci incamminiamo verso quella direzione, e poco dopo siamo in grado di vedere in acqua una sagoma scura. E' il primo dei capodogli ancora in vita. Agonizzante in pochi centimetri d'acqua, fa male al cuore vedere la coda che ogni tanto si solleva, e stancamente ricade giù. E' ovviamente coricato su un lato, quello destro, e la pettorale sinistra ogni tanto si muove e punta verso l'alto, quasi a chiedere aiuto. A volte le onde che si ritraggono scoprono totalmente l'enorme testone. Tutt'attorno, sulla spiaggia, gente e famiglie con bambini che assistono al tremendo spettacolo della morte in diretta.
Proseguiamo ancora ed ecco un secondo esemplare. Stessa scena di prima, ma questa volta ci sono dei veterinari che cercano di prendergli un campione di sangue dalla coda, apparentemente senza successo. La Capitaneria vede i loghi sulle nostre felpe e si avvicina. Chiacchieriamo un po', non sembrano sapere

assolutamente che fare. E per la verità non c'è molto da fare.

Avanti ancora, fino a un terzo individuo. Questo sembra più piccolo, ma anche meno stremato. Ogni tanto solleva addirittura la testa. Da lontano scorgiamo un quarto individuo, ma ne abbiamo abbastanza e decidiamo di tornare indietro.

Una troupe televisiva ci vede e ci ferma "E' un'ora che camminiamo su e giù sulla spiaggia" ci dicono "qui non c'è nessun responsabile con cui parlare, possiamo intervistarvi?". Dico di sì, ma chiarisco che non siamo noi a gestire le operazioni e da lì poco ce ne andremo.

Lì in giro la gente è imbufalita perchè nessuno fa niente per salvare gli animali. Ma hanno ragione solo a metà, perchè non si può far niente per salvare quei cetacei. Però si potrebbe fare qualcosa per evitare che agonizzino per ore davanti alla gente. Più tardi saprò che è stato chiesto al Ministero il permesso di praticare l'eutanasia sui capodogli sopravvissuti. Sono d'accordo, sarebbe la cosa migliore, ma poi sappiamo che il permesso non è mai arrivato. Non ci sono sufficienti dosi di medicinale per animali così grandi, e il Ministro Stefania Prestigiacomo afferma che ucciderli a colpi di arma da fuoco sarebbe inumano. Io trovo che sia altrettanto inumano lasciarli ad agonizzare così, per ore e ore, schiacciati dal loro stesso peso, lottando per ogni respiro.

Noi ripartiamo quando si è fatto buio già da un'ora. Seguiremo la cosa a distanza. In breve tempo prepariamo un progetto per la Regione Puglia, per recuperare gli scheletri in modo efficace e pulito, affinchè possano venire esposti a scopo didattico.

I tecnici dell'università di Padova sono al lavoro con le autopsie. Nel frattempo un ricercatore greco, dalle centinaia di foto pubblicate su internet, riconosce almeno uno dei capodogli. E' un maschio che negli ultimi otto anni è stato regolarmente fotografato nelle acque greche dello Ionio orientale. E' un dato importantissimo e si cerca di identificare anche gli altri.

Perchè sono arrivati qua? E perchè si sono spiaggiati? Le ipotesi sono tante, alcune fantasiose, altre meno. Un ricercatore, David Williams, fa risalire il tutto a un forte terremoto che c'è stato al largo della Grecia, il 5 novembre scorso. Le onde di pressione del maremoto avrebbero colpito i cetacei, danneggiando alcuni parti della testa, quelle che permettono loro di immergersi ma anche di orientarsi. Incapaci di andare in immersione e dunque di alimentarsi, e perso l'orientamento, i capodogli avrebbero vagato per quaranta giorni, in balia delle correnti adriatiche, e alla fine stremati sono arrivati a morire sulle coste garganiche.

E' solo una teoria, e mentre non si placa il clamore che questo evento eccezionale ha suscitato in tutta Italia, si aspettano altri dati che potranno confermarla o più probabilmente smentirla.

Ecco la verità

Solo nei primi mesi del 2011 è stato finalmente

pubblicato il lavoro finale sul caso dei sette capodogli spiaggiati al Gargano, e sulle cause di morte.

Qualche "scienziato frettoloso" aveva ben presto concluso che erano morti a causa della plastica che avevano ingerito e che era in effetti stata trovata nei loro stomaci. Per i media tale notizia era troppo ghiotta, e dunque l'avevano cavalcata. C'erano poi ipotesi relative a concomitanti prospezioni geologiche, con l'utilizzo degli air-guns, cioè i cannoni ad aria compressa che servono a rilevare per esempio giacimenti petroliferi in profondità.

L'articolo, scritto a molte mani, ma che ha come primo autore proprio Sandro Mazzariol dell'Università di Padova, non ha il classico titolo iper-tecnico e serioso delle pubblicazioni scientifiche; recita invece: "Qualche volta i capodogli non riescono a ritrovare la strada per i mari profondi: uno studio multidisciplinare su uno spiaggiamento di massa."

Il lavoro svolto su quegli esemplari è stato molto complesso. Tre delle sette carcasse sono state sottoposte a una autopsia molto approfondita. Sono state compiute analisi biologiche, genetiche, tossicologiche, istopatologiche, insomma come dice il titolo, si è analizzato il fenomeno sotto diversi aspetti e con un approccio, appunto, multidisciplinare.

Da notare che tre dei sette esemplari erano animali "conosciuti", cioè già precedentemente foto-identificati. Erano:

- Cla, maschio fotografato per la prima volta nel 2002 nel Mar Ligure, e poi riavvistato altre cinque volte, nel

2003, 2005 e 2007. Era in genere solitario, o in compagnia di altri maschi;
- Pomo, maschio anche lui identificato nel Mar Ligure nel 2003, in un gruppo di altri maschi;
- Zak Whitehead, visto per la prima volta nel 2000 nello Ionio sudorientale, e rivisto altre sette volte, dal 2002 al 2005, sempre nello stesso gruppo sociale.

Le conclusioni dunque, sulla morte di questi sette esemplari, portano a diverse cause concomitanti. Non sono stati rilevati problemi di tipo biologico (ad esempio malattie) nè sindromi riferibili all'utilizzo di sonar o air-guns, sebbene, concludono gli autori, non è da escludere che le prospezioni geologiche abbiano potuto avere il loro effetto.

In definitiva, sembra invece che i sette capodogli abbiano preso una "direzione sbagliata" (tra virgolette anche nell'articolo) e si siano infilati nell'Adriatico, una trappola per questi animali. Tutti mostravano chiaramente i segni della fame e della privazione di cibo. Tutti avevano alte concentrazioni di inquinanti, in diversi tessuti. Questi inquinanti erano principalmente organo-clorurati, cioè sostanze chimiche che si trovano principalmente nei pesticidi. Non mangiando da molto tempo, il metabolismo ha cominciato a sciogliere il tessuto adiposo (i grassi di riserva) e dunque a mettere in circolo nel sangue anche questi inquinanti che qui erano rimasti immagazzinati. Queste sostanze hanno abbassato le difese immunitarie e danneggiato il sistema nervoso.

In poche parole, i capodogli hanno perso la strada, per cause difficili da indovinare, e poi la fame e gli inquinanti di origine antropica hanno fatto il resto. Si conclude così un'indagine che, per diversi motivi, lascia senz'altro con l'amaro in bocca.

Il misterioso zifio

Fra le oltre settanta specie di Cetacei che vivono nei mari del mondo, alcune sono veramente note e conosciute da tutti, altre lo sono un po' meno. Ci sono poi alcune specie più o meno "per addetti ai lavori". Di questi fanno parte per certo gli appartenenti alla famiglia degli Zifidi che prendono il nome dal loro rappresentante più caratteristico: lo zifio (*Ziphius cavirostris*).

Questo cetaceo dal corpo lungo e robusto può raggiungere anche i 7,5 metri, generalmente però le femmine restano sui 6 metri ed i maschi sono leggermente più piccoli. Possiede una testa relativamente piccola, con la fronte che degrada senza "spigoli" verso un corto rostro. Nella mascella inferiore, più prominente di quella superiore, sono localizzati un unico paio di denti, visibili a bocca chiusa solo nei maschi. Le pinne pettorali sono piccole, mentre la pinna dorsale può variare nella forma da alta e falcata a bassa e triangolare. La colorazione del corpo può subire notevoli variazioni in base all'area geografica, al sesso e all'età, ad esempio i vecchi maschi possono essere completamente bianchi e venire confusi con beluga e grampi; inoltre il corpo è ricoperto da profonde cicatrici individuo specifiche.

Contrariamente a quanto si può pensare, è specie comune in Mediterraneo ma assente in Adriatico. Eppure, sebbene rarissimi, ci sono casi di segnalazioni e spiaggiamenti anche nel nostro mare, alcun molto recenti. Nel 1986 e nel 1992 due carcasse furono trovate spiaggiate nei pressi di Bari.

Ma anche nel nord Adriatico abbiamo qualche interessante segnalazione. In un articolo i ricercatori dell'Università di Zagabria segnalano due eventi eccezionali.

Dal 7 marzo all'11 aprile 2001 infatti, nelle basse acque di Srebreno, poco a sud di Dubrovnik, in Croazia, un grosso cetaceo fu ripetutamente avvistato. A volte fu visto avvicinarsi anche moltissimo alla spiaggia o a qualche imbarcazione. Il 12 aprile fu infine trovato morto, che galleggiava in acqua. Si trattava proprio di uno zifio, una femmina di 4,30 metri per 610 chilogrammi.

L'anno dopo, il 7 febbraio 2002, sulla spiaggia di Pupnatska luka, sull'isola di Korcula, sempre in Croazia, fu rinvenuta la carcassa di un altro zifio. Stavolta era un maschio di 5,10 metri e il peso fu stimato attorno alla tonnellata.

A tutto ciò va aggiunto un altro avvistamento che, sebbene mai definitivamente accertato, pareva essere proprio di uno zifio. Il 29 dicembre 2005, infatti uno strano "cetaceo" è stato fotografato dal responsabile della Protezione Civile di Numana, Luca Amico, a poche decine di metri dalla costa fra Fano e Senigallia. Lunghezza attorno ai 3,5 - 4 metri.

L'animale emergeva solo per brevi momenti e non ha mai mostrato né la coda né la testa, e non si è mai vista una pinna dorsale. Raramente era visibile un piccolo "sbuffo".

Qualcuno, venti giorni prima, aveva già raccontato di avere visto, nella stessa zona, uno o due esemplari, senza la pinna dorsale ma con una specie di "gobba". Successivamente, lavorando sul materiale fotografico dell'avvistamento del 29 dicembre è stata trovata una foto in cui, sebbene da lontano, si vede parzialmente la testa del misterioso cetaceo. Quello che colpisce è lo stacco netto fra il bianco della testa e lo scuro del resto del corpo. Questo, unitamente al fatto che non si vede la pinna dorsale (il che vuol dire che essa si trova molto indietro sul dorso, particolare tipico di questa specie), davvero fa pensare ad uno Zifio. Come si vede, in Adriatico non ci facciamo mancare proprio niente.

Una (altra) megattera in Adriatico

L'Adriatico è il mare delle sorprese, potrebbe essere il sottotitolo di questo libro. E ogni tanto, inaspettate come le sorprese devono essere, queste arrivano. In questo caso hanno la forma di una balenottera di circa 12-15 metri, e non una balenottera qualunque, ma una megattera (*Megaptera novaeangliae*).

La notizia è arrivata come una bomba, lunedì 17 febbraio 2009, dapprima sulle liste di discussione via internet, a cui partecipano ricercatori e biologi che si occupano di mammiferi marini, e poi anche sulle agenzie di stampa. Morigenos, un ente sloveno che si occupa proprio dello studio dei mammiferi marini nelle acque del nord Adriatico, segnalava l'avvistamento, confermato da foto e video, di una megattera nel golfo di Trieste. La cosa eccezionale sta nel fatto che la megattera è una specie che non solo non vive in Adriatico, ma nemmeno in Mediterraneo. Dunque, qualunque esemplare si avvisti nelle nostre acque, proviene quanto meno dall'oceano Atlantico.

I ricercatori di Morigenos hanno seguito per diverse ore l'esemplare, sia lunedì 16 che martedì 17, constatando che la balenottera sembrava in discrete condizioni, e che nuotava e si immergeva regolarmente.

Ricordiamo che la prima megattera mai avvistata in Adriatico fu seguita e fotografata da un gruppo di fortunati, fra cui chi vi scrive, al largo di Senigallia, nell'agosto del 2002. Quella di cui parliamo e che nuotava nelle acque slovene è dunque la seconda megattera mai avvistata in Adriatico.

Nei giorni successivi ai primi avvistamenti, nonostante gli appelli lanciati su entrambe le coste dalle due istituzioni, l'animale sembrava sparito. C'è da dire però che le condizioni meteo erano in quei giorni quasi proibitive.

Poi nel fine settimana successivo, il nuovo avvistamento. Da allora gli avvistamenti si facevano regolari, tanto che dopo qualche giorno, persino una troupe del TG1 è arrivata a Pirano, e ha potuto filmare il grande cetaceo. Dalle stesse immagini viste in televisione si nota quale fosse allora il maggiore motivo di preoccupazione per lo splendido esemplare: trovandosi più o meno sempre nella stessa zona, da più di una settimana ormai, aumentavano costantemente le barche di curiosi che si recavano sul posto per vederlo. Il fastidio provocato dall'insistente, e ravvicinata, presenza dei natanti, può creare forte stress in un animale che già si trova molto fuori dal suo habitat, e di certo non avrebbe bisogno di ulteriore disturbo.

Difficile in questi casi intervenire per fare qualcosa. Le uniche attività possibili sono un continuo monitoraggio dell'animale, e la diffusione del messaggio di allerta, in modo che futuri avvistamenti possano dare informazioni sul suo comportamento e sulle sue intenzioni. Ovviamente, al di là dell'eccezionalità dell'evento, a quel punto l'augurio era che potesse presto lasciare il golfo di Trieste e dirigersi verso sud, in cerca di luoghi più consoni a una megattera.

Inutile anche, naturalmente, cercare le cause di questo avvistamento. Essendo solo la seconda megattera che viene a visitare l'Adriatico, è ovvio che stiamo parlando di pura casualità, ogni ipotesi come il riscaldamento globale o il cambiamento della biodiversità, in questo caso è solo azzardata e senza nessun fondamento.

Gli avvistamenti proseguirono per quasi due settimane e la situazione per il povero animale stava diventando pesante. Frotte di curiosi andavano a vederlo ogni giorno, a volte letteralmente circondando il cetaceo con le barche. Il governo sloveno aveva posto il divieto di avvicinarsi oltre i 100 m, ma pochi lo rispettavano..

Improvvisamente poi, il 3 marzo, ecco l'ultimo avvistamento in acque slovene, con la megattera che fu vista dirigersi decisamente verso sud, in acque croate. La speranza era che finalmente avesse ritrovato la strada per uscire dall'Adriatico, dove di certo non ci sono le condizioni nè trofiche nè oceanografiche per un animale del genere.

Ma niente da fare. Ecco che dopo pochi giorni ricominciano i frequenti avvistamenti, e non a sud. Ora infatti si trovava nelle acque di Grado, quindi più a nord e a ovest rispetto alla precedente area di avvistamento, nei pressi di Pirano.

Nonostante le numerose segnalazioni che si riferivano a un animale che "sta bene", legittimi, a questo punto, i dubbi anche sulle condizioni di salute dell'esemplare.

Per quanto, almeno nei primi avvistamenti, sembrasse in buona salute, non magro, e capace di buone immersioni in apnea, la lunga durata della sua permanenza in nord Adriatico rappresentava come minimo un segnale non buono sul suo stato di salute. O forse, a lungo andare, la causa stessa dei suoi problemi. Questo non è il suo mare, non ci sono le profondità e nemmeno il suo cibo abituale. Per non parlare del continuo disturbo causato dai natanti dei curiosi.

Tra l'altro, pare che nella notte fra il 15 e il 16 marzo si sia non solo avvicinata moltissimo alla costa, ma che addirittura la Guardia Costiera sia intervenuta per "evitarne lo spiaggiamento".

Il suo insistere nel puntare verso nord era un altro segnale davvero difficile da interpretare, ma di sicuro non rassicurante. Per la verità, essendo l'Adriatico esteso da sud-est a nord-ovest, il suo asse longitudinale "punta" geograficamente proprio verso il nord Atlantico. E se fosse stato proprio là che la megattera voleva andare? Le migrazioni di megattere in Atlantico sono un fenomeno noto e accertato, e questi animali si spostano alternativamente da sud a nord e viceversa. Perché allora non pensare che, una volta infilatasi per errore, o magari per curiosità, nello stretto di Gibilterra, e avere esplorato un po' il Mediterraneo, non stesse ora cercando di andare verso quell'oceano lontano, ma dalla via sbagliata? Non potrebbe essere che quello che sembrava un corridoio rivolto verso la direzione giusta si fosse invece rivelato

lo stretto *cul de sac* del nord Adriatico?
Da notare anche, ad onor del vero, che negli stessi giorni, in quell'area fu notata una grande, e inusuale, presenza di alacce (*Sardinella aurita*), in pratica una grossa sardina, e non è escluso che la megattera si trovasse lì dunque per motivi alimentari, magari attirata proprio dalla presenza di questi pesci.

In ogni caso, verso la metà di marzo, la megattera sparì una seconda volta, per poi riapparire brevemente circa un mese dopo (!), ancora lassù, e infine andarsene definitivamente. Resta agli annali quello che rimane come il secondo avvistamento di questa specie in Adriatico, e appena il 14esimo per tutto il Mediterraneo.

TARTARUGHE

Tartarughe adriatiche

Le tartarughe marine sono Rettili antichi, comparsi circa 100-150 milioni di anni fa e che hanno ampiamente colonizzato i mari di tutto il mondo non più tardi di 80 milioni di anni fa. La loro natura di quasi fossili viventi, unitamente alla loro ecologia di animali estremamente solitari, oltre che enormemente difficili da avvistare ed osservare nel loro ambiente naturale, li rende ancora degli alieni pressoché sconosciuti alla scienza, che li ha studiati con accanimento solo negli ultimi decenni.

Anche in Adriatico, confrontando i dati (a volte contrastanti) a disposizione dei ricercatori sulle sponde dell'Amarissimo, si cerca di delineare un quadro che spieghi la presenza, anche abbondante, di questi Rettili nel nostro mare.

Una nota curiosa è data per esempio dal fatto che per "i gusti" delle tartarughe marine, l'Alto Adriatico è assimilabile a un'altra area mediterranea: il golfo di Gabès, in Tunisia. Questi due bacini si assomigliano per la loro caratteristiche di acque semi-chiuse (molto di più l'Adriatico), ma soprattutto basse e ricche di cibo. Così, seguendo le rotte migratorie di tartarughe marcate per esempio in Grecia, area di nidificazione fra le più importanti del Mediterraneo, si scopre che molti linee portano proprio o su verso il nord Adriatico, o verso occidente per raggiungere il golfo tunisino.

Anche il tipo di esemplari rinvenuti sembra simile: da noi infatti si ha una netta prevalenza di esemplari molto giovani, i cosiddetti *juveniles* o sub-adulti; si parla cioè di individui sui 40-50 cm di carapace, con un altro picco, seppur minore, per animali appena adulti, quindi attorno ai 70 cm di carapace.

Nelle aree emiliano-romagnole e marchigiane, il periodo in cui questi animali sono presenti in massa è essenzialmente da giugno a settembre. Ma anche qui, il progredire degli studi, porta dati curiosi. Ad esempio, avendo accesso a ricerche similari, ma sulla sponda opposta, cioè quella croata, si nota come la situazione sia addirittura quasi speculare: pochissimi animali da maggio a luglio, crescita negli altri mesi dell'anno, con un picco inaspettato da febbraio ad aprile. A quanto pare, se è vero che nei mesi freddi le tartarughe lasciano le nostre acque, non è detto che tutte si spostino a sud, ma almeno una parte della popolazione risiede invece nelle acque, comunque freddissime, al largo della costa dalmata.

Infine, un dato molto interessante, o meglio un trend, una tendenza: negli ultimi anni, la percentuale di tartarughe ritrovate nelle nostre acque nei mesi autunnali – soprattutto da ottobre a dicembre – è in costante aumento, soprattutto a carico di esemplari di grosse dimensioni. Un segnale del tanto decantato riscaldamento progressivo delle acque?

Il ristorante delle Tartarughe

Abbiamo visto come ci sia un'intensa frequentazione di tartarughe marine, della specie *Caretta caretta*, in Adriatico. Questo flusso continuo di Tartarughe comuni che giungono da sud, cioè da mari più caldi dove anche si riproducono, è rappresentato da una popolazione di individui, in genere giovani o molto giovani, che vengono in queste acque principalmente a nutrirsi.

L'Adriatico cioè rappresenta una cosiddetta *feeding area*, dunque un territorio di alimentazione. E' noto infatti come soprattutto la parte settentrionale di questo mare sia un sistema molto abbondante di nutrienti, in buona parte grazie al Po, che danno origine a una catena alimentare molto ricca, della quale approfittano molte specie.

Inoltre le Tartarughe comuni sono, per loro natura, una specie decisamente opportunista, il che significa in pratica che mangiano un po' di tutto, e che si adattano facilmente al tipo di ambiente, e di prede, che trovano. Il loro becco, detto ranfoteca, robusto e tagliente, permette loro di nutrirsi di prede che variano moltissimo come dimensioni e come forma.

Come sappiamo cosa mangiano le tartarughe che frequentano l'Adriatico? Questi studi vengono condotti nella maniera forse più... logica. Cioè si analizzano i contenuti degli stomaci delle tartarughe pescate o trovate morte in spiaggia. Un tipo di ricerca magari scomoda, ma che dà importanti informazioni.

Non ci sono purtroppo molti studi pubblicati, in particolare proprio nel nostro mare. Ma, ad esempio, un lavoro preparato nel 2000 da ricercatori croati mostra risultati curiosi. Esso si basava sullo studio dei contenuti stomacali di solo quattro esemplari di tartarughe rinvenute spiaggiate.

Ebbene, i resti trovati negli stomaci di questi esemplari, si potevano dividere in ben dieci categorie di prede diverse, a dimostrazione proprio di una dieta veramente opportunista.

Il cibo maggiormente presente è rappresentato, forse a sorpresa, da ricci di mare. Essi costituivano addirittura i due terzi (67%) del peso dei contenuti stomacali. Evidentemente le spine appuntite di questi animali non sono un problema per la bocca robusta e l'esofago "rinforzato" delle tartarughe.

La seconda preda preferita erano spugne, fra le quali spiccava come quantità, la cosiddetta Arancia di mare. Anche in questo caso, avere un becco capace di grattare e scrostare le rocce si rivela un utile strumento. Altre prede trovate in misura minore comprendevano Crostacei (soprattutto paguri), policheti (cioè vermi), e lumache. Non mancavano anche alghe e rifiuti raccolti sul fondo.

E' bene ricordare che questa dieta, ricavata da uno studio in acque croate, nel caso di una specie che mangia di tutto come la tartaruga comune, non è rappresentativa della specie. Studi compiuti in altri mari darebbero risultati molto diversi. D'altra parte mentre in Adriatico questi animali possono scendere sul fondo e alimentarsi con facilità, letteralmente pascolando, in acque profonde la dieta cambia radicalmente, fino ad arrivare a mangiare anche solo pesci, in acque dove il fondo non è a portata perché praticamente irraggiungibile.

A dimostrazione di questo, uno studio condotto dalla Fondazione Cetacea in collaborazione con l'Università di Bologna, sede di Cesenatico, su Tartarughe sempre adriatiche, ma di sponda italiana. Lo studio è appena iniziato, ma già i primi risultati mostrano differenze con quelli trovati dai ricercatori croati. Nei nostri esemplari, maggiormente rappresentati sono crostacei e molluschi, quindi sempre animali di fondo ma più comuni su fondali sabbiosi e non rocciosi.

La rarissima Tartaruga verde

Abbiamo scritto più volte che l'unica specie di tartaruga marina presente in Adriatico è la tartaruga comune, dal nome scientifico di *Caretta caretta*. E' però anche vero che sono tre le specie di tartarughe marine che vivono in Mediterraneo: ci sono anche infatti la gigantesca tartaruga liuto (*Dermochelys coriacea*), che però qui non nidifica, e la tartaruga verde (*Chelonia mydas*). Di quest'ultima, sebbene non regolarmente presente in Adriatico, esistono alcune segnalazioni occasionali.

Lunga fino a 125 centimetri (di carapace) con un peso di 250 chilogrammi, questa specie presenta una colorazione del guscio variabile tra il verde e il nero e un piastrone giallastro. Le squame cornee del carapace non sono embricate, ma perfettamente giustapposte, conferendo così al guscio un aspetto estremamente levigato.

La tartaruga verde predilige le acque basse, dove la vegetazione marina cresce rigogliosa e forma dei veri e propri tappeti erbosi. I giovani e i sub adulti, in fase di crescita e con un bisogno notevole di proteine, sono principalmente carnivori, mentre gli adulti in genere sono erbivori. La dieta può essere anche integrata da alghe, meduse, molluschi e crostacei. Negli acquari queste tartarughe sono alimentate solitamente con il pesce, che è mangiato senza alcuna esitazione e al quale dunque si adattano senza problemi.

Le tartarughe verdi vivono nei mari caldi della Terra, generalmente in prossimità di fondali rocciosi, a profondità modeste, anche se non è difficile incontrarle in alto mare.

E' stato dimostrato come la popolazione di tartarughe verdi del Mediterraneo sia completamente separata da quella dell'Atlantico, anche geneticamente. Il 99 per cento dei nidi di questa popolazione mediterranea si trova sulle spiagge di Cipro e della Turchia. Proprio le tartarughe verdi del Mediterraneo sono considerate a tutt'oggi come la popolazione di tartarughe marine più minacciata al mondo di estinzione.

La sua presenza in Adriatico è talmente rara che è addirittura complicato rintracciare le poche e sporadiche segnalazioni. Un lavoro di raccolta di questi dati è stato però compiuto nel 2004 da autori croati e italiani. In totale sono solo dodici le segnalazioni rinvenute, e addirittura due di queste vengono ritenute dubbie dagli stessi autori. A dimostrazione di quanto l'Adriatico non attiri particolarmente questa specie. Le prime due risalgono molto indietro nel tempo e sono datate rispettivamente 1860 e 1864, la prima ad Ancona e la seconda nella bocca di Malamocco, nelle laguna veneziana. Ancora alla fine del 1800 risalgono altri due esemplari, questa volta in acque croate. Prima di arrivare agli ultimi trent'anni, c'è un altro ritrovamento, nel 1945 a Baska Voda, sempre in Croazia.

Negli anni ottanta del secolo scorso ci sono tre ritrovamenti italiani: uno in una località imprecisata del sud Adriatico, e gli altri due rispettivamente alla foce del Po (catturata in una rete) e a Bari. Nel decennio successivo restiamo ancora in Italia, con tre ritrovamenti: a Margherita di Savoia (Foggia), anche questa in una rete, a Lido S. Anna (Brindisi) e a Torre a Mare (Bari).

Infine l'ultimo esemplare, che risale al 14 dicembre 2001, catturata in una rete a Trpanj, di nuovo in Croazia.

Da notare che più o meno tutti gli esemplari erano di dimensioni ridotte, e visto che la maggior parte delle segnalazioni è concentrata nelle acque meridionali del nostro mare, pare possibile ipotizzare che qualche giovane esemplare di questa specie venga condotto dalle correnti in un bacino che, questi dati di certo lo confermano, normalmente non frequentano.

I Centri di Recupero Tartarughe Marine

Nel novembre 2004 si è svolto ad Atene un incontro di lavoro, un workshop, sui Centri di Recupero Tartarughe marine del Mediterraneo. Invitato, presentai il lavoro svolto dall'Ospedale delle Tartarughe della Fondazione Cetacea, e così fecero gli altri responsabili di centri analoghi. E tutti notarono l'anomalia rappresentata dall'Italia, dove i Centri di Recupero sono numerosissimi e distribuiti più o meno uniformemente lungo la costa. Mentre negli altri paesi non se ne contano più due o tre a nazione, da noi siamo a più di venti! E' vero che l'Italia ha un'estensione di coste notevole, e che occupa una posizione cruciale, "sporgendo" letteralmente a spaccare a metà il Mediterraneo, ma quella italiana resta comunque una singolarità. E tutto ciò in mancanza di una legge che regoli questi centri, la quale, a distanza di sette anni ancora non c'è, ma il Ministero dell'Ambiente ha perlomeno emesso le Linee Guida di riferimento per queste strutture.

Diversi sono i centri che lavorano sull'Adriatico, sperando di non dimenticarne nessuno. Intanto, come si nota, in Croazia vi è un unico centro, a Pula, tra l'altro di recente costituzione. In Slovenia c'è un gruppo che lavora con le tartarughe marine e che occasionalmente ne recupera, ma manca un centro vero e proprio.

In alto Adriatico, la parte del leone la fa proprio

l'Ospedale delle Tartarughe gestito dalla Fondazione Cetacea, che copre un'area che va dalla foce del fiume Reno a tutto il territorio marchigiano, ma con diversi pazienti che arrivano anche da Veneto, Abruzzo e addirittura Molise. Nella provincia di Ferrara è attivo il gruppo Archè, che si occupa direttamente di alcuni casi, mentre per animali con problemi maggiori si rivolge alla Fondazione Cetacea.

All'estremo nord, la Riserva di Miramare (Trieste) gestita dal WWF, lavora con piccoli numeri di esemplari all'anno. In Veneto un centro è attivo a Jesolo, mentre Università di Padova e Museo di Storia Naturale di Venezia collaborano alla rete regionale veneta. In Abruzzo esiste un centro di recupero ormai storico, a Pescara, gestito dal Centro Studi Cetacei.

Immediatamente a nord e a sud del promontorio del Gargano, ci sono invece i centri di Lesina e Manfredonia, mentre a Molfetta, nel barese, il Wwf gestisce una struttura da diversi anni. Poco più a sud, l'Università di Bari presta anch'essa la sua opera per le tartarughe in difficoltà, mentre all'estremo sud, il Museo di Calimera (Lecce) si occupa di recupero di Tartarughe marine da tantissimo, tanto da essere considerato uno dei punti storici di questa attività.

Tutti questi Rescue Center, con grande dispendio di mezzi ed energie, portano il loro contributo alla conservazione di questi Rettili in grave pericolo di estinzione, anche solo con l'opera di sensibilizzazione e di informazione che svolgono. Le tartarughe ringraziano.

La storia di Sole

Sono circa 15-20 le tartarughe marine, ferite, malate o comunque con problemi, che ogni anno giungono all'Ospedale delle Tartarughe della Fondazione Cetacea. Alcune di queste hanno storie particolari e sorprendenti.

Il 31 luglio 2006 è arrivata una tartaruga ferita, di circa 50 cm di carapace, che è stata chiamata Sole. Era stata trovata agonizzante a Ravenna, colpita alla testa da un'elica o da una chiglia di una barca. Aveva il cranio orribilmente fratturato, con una ferita molto profonda che passava trasversalmente subito dietro agli occhi. Le sue condizioni, al di là della ferita stessa, erano veramente disastrose ed erano evidenti anche i danni neurologici causati dal colpo. Sole si lasciava galleggiare in acqua, mantenendo le zampe, soprattutto le posteriori, rigide e contratte, quasi paralizzate; non mangiava, non nuotava, non faceva niente. A volte era colta da spasmi che le prendevano alla testa e alle zampe, in particolare quando veniva "disturbata" per tentare di farla mangiare e per le terapie. E' stata subito sottoposta ad una TAC, per valutare le condizioni della testa. Il veterinario che vide le lastre suggerì di praticarle l'eutanasia, mentre il veterinario responsabile, Giordano Nardini, decise di aspettare e di praticare comunque a Sole una terapia di applicazioni laser.

Inoltre, per nutrirla era necessario ogni giorno

catturarla e intubarla, somministrandole del pesce frullato. Iniziò così un difficile percorso che non si sapeva dove avrebbe portato.

Passavano i giorni e incredibilmente Sole teneva duro e ogni tanto qualcosa cambiava. In meglio. Era sempre più difficile tenerla ferma per intubarla, quindi acquistava forza. Ad un certo punto si è potuti passare dal frullato al pesce intero, ma sempre introducendolo a forza in esofago. Davanti agli occhi sbigottiti dei volontari, col tempo Sole ha cominciato a fare piccoli movimenti con le zampe anteriori, poi timidi tentativi di immersione, sgraziati e inefficaci. Poi sempre di più e sempre meglio, fino a riuscire a stazionare sul fondo della vasca, quando voleva farlo. Anche nel mangiare era sempre più autonoma, comunque ancora imboccata. Intanto la ferita, grazie al laser, si andava lentamente rimarginando. Sole riacquistava anche una certa autonomia nel mangiare, pur necessitando sempre di essere imboccata. Dopo cinque mesi di cure, la sorpresa, totalmente inaspettata: ha iniziato a mangiare da sola!!

Sole è stata ed è tuttora protagonista di un recupero che ha del miracoloso, che ci deve far riflettere su due cose. Su quali problemi la presenza dell'uomo può causare a questi animali, pur accidentalmente. E su quanto poco noi ancora conosciamo di questi antichi Rettili. Questa tartaruga era data per condannata, ora mangiava e nuotava da sola. Ma la sua storia non è certo finita qui.

Non si riesce con le parole (e con la memoria) a

ripercorrere esattamente il percorso compiuto da Sole, fatto di piccoli passi, giorno dopo giorno, sotto gli occhi attenti e caritatevoli dei volontari. Ma è stata una lenta e costante risalita, un risorgere. Ci sono stati molti problemi successivi, neurologici, al fegato. Nel 2008 il Centro di Fondazione Cetacea ha finalmente avuto a disposizione una vasca di riabilitazione, da ben 15.000 litri, dove potere rieducare al nuoto e alle immersioni le tartarughe lungo-degenti.

Il 26 settembre 2010, sulla spiaggia di Riccione, all'altezza dei bagni 44-45 si è svolta una grande festa. C'erano centinaia di persone. All'apparenza sembrava "solo" una delle liberazioni di tartarughe che Fondazione Cetacea fa diverse volte, ogni anno. Ma quella giornata è stata particolare, perchè a ritornare in mare non era una tartaruga come le altre. Si trattava proprio di Sole. Erano passati 4 anni e mezzo dal suo ritrovamento.
Quel giorno è stato difficile nascondere l'emozione. Ancora oggi sembra strano l'Ospedale delle Tartarughe senza di lei.
Tante erano anche le preoccupazioni legate al suo rilascio. Non si conoscono molti casi di tartarughe rilasciate dopo degenze così lunghe. Quali garanzie c'erano che ce l'avrebbe fatta, in mare? Più di quattro anni in vasca non sono uno scherzo. Quattro anni senza mare, senza cacciare, senza profonde immersioni, senza onde, burrasche, correnti... Sarebbe bastato l'istinto?

Per rispondere a queste domande sul dorso le è stato applicato un costoso strumento: un trasmettitore satellitare, che oltre a fornire, giorno per giorno, la sua posizione, comunicava anche la durata e la profondità delle sue immersioni. Dati importantissimi che sarebbero serviti a capire una piccola parte di quello le succedeva "là fuori".

I dati delle immersioni verranno decodificati e analizzati, nel frattempo la mappa dei suoi spostamenti, dà qualche indicazione: abbiamo visto che i primi 10-15 giorni Sole è rimasta in prossimità di Riccione, poco fuori costa, in acque molto basse. Sempre lì, diremmo "senza idee". Sembrava quasi volere riprendere confidenza con il mare, ma senza andarsene dal luogo dov'era rimasta per tanto tempo. Al punto da destare un po' di preoccupazione. Poi, praticamente all'improvviso, ha cominciato a muoversi, molto decisamente, verso sud, seguendo la linea di costa.

Sembrava uno schema già visto in altre tartarughe, in passato, cioè l'intenzione decisa a uscire dall'Adriatico. E invece no: a metà ottobre è già davanti al Conero, ma appena superato questo, ecco la nuova svolta. La sua rotta piega decisamente verso est, verso la costa opposta dell'Adriatico. Prima della fine di ottobre era già "di là". In prossimità delle isole dell'Arcipelago di Zara si ferma, poi si sposta più a nord, al largo dell'isola di Premuda, la più piccola e più remota dell'arcipelago zaratino. E qui sembra trovare la pace, sotto forma probabilmente di un ambiente ideale e che le è congeniale, e vi resta per molte settimane. Non sappiamo cosa abbia trovato in quella zona, ma a quel punto poco importava. Ormai sapevamo che Sole stava bene, che quattro anni in una vasca non sono bastati per farle perdere il suo istinto di animale libero e selvatico.

Più tardi, la sua traccia si muove di nuovo, va verso nord, poi occidente, insomma ritorna quasi nell'area di mare da dove è partita. Purtroppo, dall'8 giugno 2011, il trasmettitore non trasmette più. Ci sono due ipotesi: o è successo qualcosa allo strumento (malfunzionamento o distacco accidentale), o... è successo qualcosa a Sole. Inutile dire che tutti speriamo e vogliamo credere nella prima ipotesi.

Il destino di Fegghy

L'Ospedale delle Tartarughe della Fondazione Cetacea
ha visto passare oltre 400 casi di tartarughe ricoverate.
La gran parte di queste hanno poi trovato la completa
guarigione e dunque il ritorno al mare. Una di quelle
salvate, ma mai tornate in mare, si chiama Fegghy, ed
è un esemplare di circa 50 cm di carapace. Fu
ricoverata presso la struttura riccionese il 21 novembre
2005.

Fegghy è stata trovata impigliata nella rete di
un'imbarcazione da pesca, al largo di San Benedetto
del Tronto. Ma non è stato questo il suo problema. Al
momento della sua cattura infatti, era più che evidente
come l'animale fosse stato colpito alla parte frontale
della testa da un'elica. Le ferite e la deturpazione erano
spaventose. A Fegghy mancava totalmente la parte
superiore della bocca (la mascella), inoltre aveva parti
di tessuto molle distrutte e come se non bastasse i
"denti di cane" (i Crostacei parassiti detti balani) le
erano cresciuti all'interno della bocca.

L'animale era in condizioni disastrose e evidentemente
impossibilitato a mangiare,. Subito dopo il suo
ricovero, due interventi chirurgici sono serviti a
ricostruire le parti della testa che potevano essere
ricostruite: le guance e gli angoli della bocca. Dopo
questi interventi e la lunga convalescenza Fegghy era
ormai in condizioni molto migliori, ma comunque
ovviamente mutilata della mascella.

Si poneva quindi il problema di farla mangiare. Per almeno i primi 30-40 giorni non c'era verso che mangiasse da sola. Il tipico "afferra e risucchia" che attuano le tartarughe marine per nutrirsi, non le era possibile. Veniva quindi non solo imboccata, ma era necessario spingerle il cibo in gola con l'ausilio di uno strumento, affinchè potesse efficacemente deglutirlo. Le si prospettava un futuro complicato.

E invece, a sorpresa, dopo poco più di un mese Fegghy aveva reimparato a mangiare, a catturare cioè il cibo da sola, ed anche a trattenerlo e infine ingerirlo. Un grande risultato.

A distanza di diciotto mesi dal suo arrivo, Fegghy era talmente attiva e vorace che venne il momento di decidere del suo futuro. E' stata quindi contatta la lista di discussione mondiale sulle tartarughe marine (C-Turtle) in cui scrivono e leggono praticamente tutti i ricercatori che si occupano di questi rettili, nel mondo. La discussione si è accesa subito e le ipotesi risultanti sono state praticamente tre. Alcuni ricercatori, i più drastici, erano per praticare un'eutanasia, motivando la scelta con il fatto che non credevano nella sopravvivenza di Fegghy in ambiente naturale e non ritenevano giusto relegarla a una vita in cattività. Le altre due opzioni erano invece proprio queste: il rilascio in mare oppure la sistemazione definitiva in un grande acquario pubblico.

Valutando tutte le variabili, l'eutanasia venne, in un primo momento, presa in considerazione, ma infine scartata. Dopo diciotto mesi di sopravvivenza e di sforzi per tenerla in vita, non sembrava più un'alternativa valida.

La possibilità più affascinante restava un rilascio in mare, magari seguita per i primi mesi da un trasmettitore satellitare che ne mostrasse i movimenti. Ma le incognite restavano molte: avrebbe saputo nutrirsi a sufficienza? E se le fossero ricresciuti i denti di cane dentro la sua bocca sempre aperta?

Alla fine si decise la sua sistemazione definitiva in un acquario pubblico, quello di Cattolica, dove avrebbe potuto avere una vita comunque dignitosa Ed è lì che tuttora vive Fegghy, testimone di un messaggio a tutti coloro che la vedono: l'uomo può, anche involontariamente, far del male a questi antichi Rettili, la cui conservazione deve essere invece un obiettivo e una priorità per tutti noi.

Il mistero delle baby tartarughe

E' noto come la Tartaruga comune (*Caretta caretta*) frequenti regolarmente le acque nord-adriatiche, soprattutto con individui giovani o comunque immaturi. Allo stesso modo sappiamo che la causa principale di questa frequentazione risiede nella ricerca di cibo, molto abbondante in queste acque.

L'Adriatico non è invece, almeno nelle sue aree centrali e settentrionali, un mare appetibile per le femmine adulte in cerca di spiagge dove deporre le uova. Non si conoscono infatti in Mediterraneo siti di deposizione a queste latitudini.

Nel Mediterraneo la Tartaruga comune depone sulle coste che si trovano prevalentemente a est e che comprendono: Grecia, Turchia, Cipro e Libia e, in misura minore, Siria, Israele, Tunisia ed Egitto. E' comunque probabile che, almeno alcune nidificazioni, abbiano luogo lungo l'intera costa mediterranea del Nord Africa, in particolare in Libia. Tra l'altro *Caretta caretta* è l'unica specie che depone anche sulle coste Italiane, ma solo all'estremo sud (Campania, Calabria, Sicilia) e sulle Isole Pelagie (Linosa e Lampedusa).

Durante la deposizione, la Tartaruga comune rilascia da 40 a 190 uova bianche, sferiche e di consistenza cuoiosa. Il periodo della deposizione in Mediterraneo va dalla tarda primavera agli inizi di autunno e probabilmente consta di un numero variabile tra 1 e 3 deposizioni per ogni stagione (fino a 6 in altri areali).

La deposizione non avviene ogni anno e l'intervallo tra i vari cicli presenta una notevole variabilità.

Con queste premesse è quindi impossibile trovare neonati di Tartaruga comune nelle nostre acque. A meno che non ci siano spiagge di deposizione "nascoste" e ancora sconosciute, che sarebbe comunque una sorpresa trovare in queste aree altamente antropizzate.

Ecco il motivo di tanta sorpresa quando l'11 dicembre del 2002 è stato trovato un piccolo esemplare, ancora vivo, il cui carapace misurava appena 5,8 cm, a Grottammare (AP). Grande sorpresa poi rinnovata perché pochi giorni dopo, il 3 gennaio 2003 un altro piccolissimo esemplare, lungo 7 cm, fu rinvenuto a Rimini: stavolta purtroppo era già morto. E stesso destino toccò quale giorno dopo anche al primo animale trovato, troppo debole per riprendersi.

Queste due tartarughine erano evidentemente piccoli di pochi mesi nati l'estate precedente. Dove? Venivano da siti di deposizione greci? Se fosse così avrebbero viaggiato per più di 850 km! Quasi fantascienza, per animali così piccoli. Oppure ci sono davvero nidi nascosti in Adriatico. In passato si sa che le tartarughe deponevano anche in Puglia (ma allora i due neonati avrebbero nuotato controcorrente), oppure c'è chi dice che ci potrebbero essere nascite in Croazia, e qualcuno giura di avere visto tartarughe uscire sulla spiaggia dalle parti dei lidi ravennati o addirittura più a nord, verso Caorle. Tutto ciò resta un mistero, ma il fenomeno non fu isolato!

Il 4 giugno 2004 un altro piccoletto di 9,5 cm fu trovato a Numana (AN), seguito il 17 novembre dello stesso anno da un esemplare di 5,5 cm ad Ancona. Entrambi purtroppo vennero trovati senza vita.

Da dove possano venire questi piccoli da poco sgusciati dall'uovo resta, come detto, un mistero. L'ipotesi che possano, pur aiutandosi con le correnti, nuotare per centinaia di kilometri è decisamente affascinante. Ancora di più a nostro avviso la possibilità di scoprire che l'Adriatico possa nascondere aree adatte alla riproduzione di questi Rettili.

Tartarughe in viaggio

Negli ultimi anni sono diventati ormai frequenti, anche in Adriatico, gli studi sulle tartarughe marine che utilizzano i dati ottenuti applicando al guscio di esemplari rilasciati in mare, un trasmettitore che, via satellite, comunica momento per momento la loro posizione. Questi dati si inseriscono in studi più ampi sull'ecologia delle tartarughe marine in Adriatico, e permettono di capire qualcosa di più sulle loro abitudini e comportamenti. Può sembrare quasi superfluo questo tipo di ricerca, in quanto, essendo l'Adriatico un mare chiuso su tre lati, è evidente che o questi animali restano qui, oppure ovviamente se ne escono dall'unico passaggio possibile, cioè a sud. In realtà queste ricerche danno invece molte altre informazioni sulla biologia di questi animali: basta solo pensare al confronto fra la "rotta" tracciata e le temperature dell'acqua, o la direzione delle correnti, o la differenza di comportamento fra animali piccoli e grandi, e altro. Insomma, l'impiego di trasmettitori satellitari apre un campo di ricerca molto ampio e interessante.

Questi strumenti sono però relativamente giovani, e vengono utilizzati con frequenza solo da pochi anni, da quando cioè la tecnologia ha consentito di raggiungere due risultati fondamentali: la riduzione delle dimensioni (ora sono più piccoli di un pacchetto di sigarette) e l'abbattimento dei costi.

Ma gli spostamenti delle tartarughe in mare non sono invece una curiosità e un interesse così recente, e quindi prima dell'avvento di queste tecnologie si utilizzavano comunque strumenti per studiare le migrazioni delle tartarughe, sebbene molto più rudimentali: le targhette. Le targhette, o tags, possono essere di metallo o di plastica e vengono applicate alle zampe delle tartarughe pescate o spiaggiate, oppure alle femmine adulte che si spostano in spiaggia per deporre le uova. Se la tartaruga viene successivamente ritrovata, allora possiamo scoprire dove è finita. Quindi i tags danno informazioni molto semplici: dove è stata marcata, dove è stata ritrovata, quanto tempo è passato e di quanto, nel frattempo, la tartaruga è cresciuta (ammesso che venga misurata sia prima che dopo).

Ogni anno vengono marcate, in Mediterraneo, migliaia di tartarughe, e i ritrovamenti sono sull'ordine del 3-4 %. Uno sforzo enorme quindi, per un risultato tutto sommato limitato.

Abbiamo detto che uno dei momenti migliori per marcare le tartarughe è chiaramente quando queste escono per deporre le uova. In Grecia, che rappresenta il sito di deposizione più vicino all'Adriatico e il più importante del Mediterraneo, l'attività di marcatura è intensa. Negli ultimi anni sono state ben 35 le tartarughe trovate in Adriatico con targhette provenienti dalla Grecia. Di queste, 27 sono state ripescate nelle acque croate, 2 in Montenegro e una in Slovenia. Questo è ovvio in quanto la corrente in

Adriatico sale lungo le coste orientali (quindi dalla Grecia verso Albania, Montenegro e Dalmazia) e scende lungo le coste italiane. Le altre sono state ritrovate nel ravennate-ferrarese (4) e una a Cesenatico. Da notare che molti di questi ritrovamenti sono stati compiuti ad anni di distanza dal rilascio della tartaruga con due "record": una tartaruga marcata nel 1996 a Kiparissia in Grecia e ritrovata nel 2004 a Porto Garibaldi e una marcata a Kifisa, sempre in Grecia, nel 1988 e ritrovata dopo nove anni, nel 1997, a Punta Marina (RA).

Ci sono poi le tartarughe marcate in un programma di marcatura condotto dall'associazione Archè di Ferrara, in collaborazione con i pescatori di Porto Garibaldi (FE). Otto tartarughe di questo progetto sono state ritrovate, generalmente non troppo lontano dall'area di marcatura: Ravenna, Cesenatico, Rimini, Fano, e due viaggi più lunghi: una a Roseto e una Porec, in Croazia.

Altri ritrovamenti interessanti sono quelli, per esempio, di una tartaruga marcata in Puglia e ritrovata ben cinque anni dopo a Cesenatico, e di un esemplare marcato a Pirano e ritrovato cinque mesi dopo a Ravenna.

Come si vede una situazione molto fluida e anche difficile da indagare, ma ogni tartaruga ritrovata dopo essere stata marcata, aggiunge una microscopica tesserina al complesso puzzle della biologia di questi antichi Rettili marini.

Titania non si ferma

Il 20 ottobre 2006, in una giornata non troppo fredda per la stagione, si è svolto a Numana, a sud di Ancona, l'ennesimo rilascio in mare di una tartaruga marina, curata all'Ospedale delle Tartarughe di Fondazione Cetacea: Titania. La sua storia inizia il 25 giugno del 2006, quando gli uomini della Protezione Civile di Numana vengono avvertiti che nelle acque basse di Portonovo, a due passi da Ancona, nuota una grossa tartaruga, in apparente difficoltà. Giunti sul posto si trovano davanti questo esemplare adulto, con una ferita sulla testa e sull'occhio sinistro. Incredibilmente e con un po' di incoscienza, si buttano in acqua per tentare un difficile recupero, che riesce. L'esemplare è una femmina molto grande, pesa circa 70 kg e il suo carapace è lungo ben 87 cm.

Portata a Riccione per le cure, in pochi mesi si riprende, e quindi il 20 ottobre si decide per il suo rilascio in mare. Con un trasmettitore satellitare sul dorso.

La batteria di questi piccoli apparecchi ha una durata che può variare da pochi mesi a un anno e oltre mesi, dipende da molti fattori, non ultimo il tempo che la tartaruga passa in superficie: meno si immerge infatti e più dati scarica e quindi più batteria consuma.

Di certo mai ci si sarebbe aspettati che dopo un anno lo strumento di Titania trasmettesse ancora. E ancora meno prevedibile era il viaggio compiuto. Titania infatti, dopo essere uscita dall'Adriatico, essere passata dalle coste della Tunisia e della Libia, è arrivata fino... in Sardegna, per poi ridiscendere di nuovo verso la Libia.

Dopo il rilascio si era subito diretta a sud, seppure con un involontario soggiorno di due giorni all'interno del porto di Ancona, dove è entrata per errore e da dove è poi uscita spontaneamente. E poi giù verso sud, spedita e decisa, fino a uscire dall'Adriatico. Meta: le coste nordafricane.

Nell'aprile del 2007 era in un mare simile all'Adriatico da cui è partita. Il golfo di Gabès infatti, in Tunisia, è quanto di più simile si trovi, in tutto il Mediterraneo, al nostro Adriatico. Acque basse e trofiche, fondali piani e sabbiosi. Il suo viaggio è poi proseguito lungo le coste della Libia, dove uno stazionamento di alcuni giorni consecutivi ha fatto pensare che si possa essere fermata a deporre le uova. Difficile saperlo con certezza, ma è bello comunque pensarlo.

Da lì via di nuovo verso un mare del tutto diverso, il Tirreno e le coste dell'isola sarda. Arrivata al largo dell'isola, che incredibile viaggio aveva già compiuto questa tartaruga! I dati dicono che ha percorso, in 355 giorni di viaggio, circa 6357 km: poco meno di 18 km al giorno. Ha passato 145 giorni in acque italiane, 15 in quelle greche, 15 in territorio maltese, 61 in Tunisia e 117 in acque libiche. Una tartaruga davvero internazionale. Successivamente, lasciata anche la Sardegna, è ridiscesa verso sud, e di nuovo verso le coste della Libia, dove il segnale è scomparso. Il trasmettitore aveva infine esaurito la carica delle batterie.

Al di là dei dati scientifici che si possono raccogliere con questo tipo di studi, non è affatto trascurabile la soddisfazione di vedere una tartaruga curata da ferite causatele dall'uomo, riprendere così attivamente e i suoi viaggi a zonzo per il Mediterraneo.

Pesca e tartarughe

Spesso si parla dell'impatto della pesca professionale sulle popolazioni di tartarughe marine, anche su quelle del nord Adriatico. Sulle nostre coste, il numero elevato di spiaggiamenti fa pensare a molte catture accidentali di questi Rettili nelle reti da pesca. Ma un collegamento diretto fra i due fenomeni (catture e spiaggiamenti) è chiaramente difficile. Le tartarughe marine non sono oggetto di pesca, anche e non solo perché sono animali protetti; quindi tutte le tartarughe pescate lo sono in maniera solo accidentale, e normalmente esse vengono ributtate in mare dai pescatori. Per questo motivo, ottenere informazioni precise su quante tartarughe vengano pescate è difficilissimo, a meno di non imbastire progetti di ricerca che prevedano o la preziosa collaborazione dei pescatori stessi, o l'imbarco di osservatori a bordo.

Studi di questo tipo sono pressoché assenti, quei pochi disponibili aprono finestre che permettono di farsi un'idea di quanto accade.

Nel biennio 1999 – 2000 un progetto co-finanziato dalla Comunità Europea, i cui risultati sono stati pubblicati nel 2004, prevedeva l'imbarco di osservatori su pescherecci che utilizzavano reti a strascico e volanti, dai porti di Chioggia, Cesenatico, Fano e Ancona. La ricerca ebbe l'insostituibile collaborazione di 12 barche attrezzate per la pesca a strascico e 20 barche, cioè 10 reti, che pescavano con le volanti (le reti volanti infatti vengono trainate da due barche per volta). Lo studio considerò 415 giorni di pesca, per un totale di 2057 calate.

Un dato importante, in queste analisi, è anche quello relativo alla durata delle calate. Le tartarughe infatti respirano aria, ciò significa che quando vengono intrappolate in una rete sono forzatamente costrette a mantenere l'apnea. Se la durata della calate è superiore alla loro resistenza, la tartaruga annega o, per bene che le vada, entra in stato comatoso. La durata della cala quindi incide anche sulla mortalità della pescata stessa.

A Chioggia e a Cesenatico le cale duravano in media 2 ore e quaranta minuti, erano quindi molto lunghe. Meno di due ore invece era il tempo medio delle calate per le barche degli altri due porti.

Dalle barche che ospitavano gli osservatori, furono catturate un totale di 62 tartarughe. Ben 55 di esse solo da vascelli della flotta di Fano, la quale pesca molto più a est rispetto a quelle delle altre marinerie indagate. In pratica gli autori rilevano che pescando nella parte più orientale del bacino, la possibilità di catturare tartarughe è 15 volte superiore rispetto alle acque più prospicienti la costa italiana. Ma in quest'ultima zona, dove abbiamo visto le calate durano molto di più, il 10% delle tartarughe vengono issate a bordo già morte, mentre un terzo del totale sono in stato comatoso.

Ma è il dato conclusivo della ricerca che è ancora più preoccupante. I ricercatori calcolano che vengono pescate 0,0195 tartarughe per ogni calata, dato difficile da "leggere", ma che se rapportato al numero di battelli e dei giorni di pesca all'anno, porta al valore di circa 4300 tartarughe all'anno pescate dalle reti a strascico, solo nelle acque dell'Adriatico nord occidentale! Di queste il 10% muoiono direttamente nella rete e un altro 30% (quelle in stato comatoso) si suppone facciano la stessa fine una volta rilasciate in mare.

D'accordo, stiamo parlando di cifre, proiezioni, calcoli matematici, quindi con margini di errore che possono essere anche elevati, ma comunque dati preoccupanti che meriterebbero almeno indagini più approfondite e durature.

Tartarughe e pesca a strascico: problema e difficili soluzioni

Anche considerato quanto appena visto, è certo che, in alto Adriatico, il numero di tartarughe che restano impigliate nelle reti a strascico sembra consistente. Per saperne di più, nell'ambito di un progetto finanziato da fondi europei (Life), Fondazione Cetacea, in collaborazione con altri enti tra i quali la Coop. M.A.R.E. di Cattolica ha richiesto la collaborazione di alcuni pescatori locali.

Dunque, per un anno intero, dal 1 aprile 2006 al 31 marzo 2007, 8 pescatori adriatici hanno registrato, su schede impostate ad hoc, tutte le tartarughe che hanno trovato impigliate nelle loro reti. Oltre a questo hanno aggiunto anche informazioni su quante calate hanno compiuto ogni giorno, sulla durata di queste e sulla preda principale catturata.

I pescatori erano così distribuiti, da sud a nord: uno al porto di Manfredonia, due al porto di Ancona, e gli altri cinque rispettivamente a Cattolica, Rimini, Bellaria, Cesenatico e Goro.

In totale, in un anno di lavoro, queste imbarcazioni hanno calato le reti 5604 volte. Ebbene, ecco quante sono le tartarughe rimaste impigliate. A Manfredonia neanche una. Le due imbarcazioni di Ancona ne hanno prese rispettivamente 8 e 11. In Romagna abbiamo numeri più o meno simili: 10 a Cattolica, 4 a Rimini, ancora 10 a Bellaria e 6 a Cesenatico. Per finire a Goro con un numero molto differente dagli altri: sono infatti ben 45 le tartarughe pescate dal peschereccio Elisa I.

Da sottolineare che praticamente tutte le tartarughe pescate erano ancora vive al momento della salpata a bordo e che, come consuetudine, sono state prontamente rigettate in mare. Non si sa quale sia la percentuale di sopravvivenza di questi animali, perché alcune di esse potrebbe essere state rilasciate in condizioni non troppo buone.

In definitiva però va rimarcato che per l'Adriatico centro-nord, escludendo quindi Manfredonia, sette pescerecci hanno preso ben 94 tartarughe in un anno. Se volessimo rapportare questo dato all'intera flotta peschereccia delle nostre acque, avremmo dati assolutamente da tenere in considerazione e da non sottovalutare. Senza per questo voler colpevolizzare una categoria, quella dei pescatori professionali, che anzi ancora una volta ha dimostrato volontà di collaborare alle attività di ricerca che possano ricercare soluzioni per un problema di difficile soluzione, va detto che il problema è grave e ridurre il numero delle catture accidentali dovrebbe essere la priorità assoluta. Eppure, come si può porre rimedio a questo problema? Le reti non sono strumenti selettivi, cioè raccolgono tutto quello che trovano. E' quindi veramente complicato studiare metodi che possano renderle efficaci con le loro prede e meno con altri animali (come le tartarughe appunto).

Fra le diverse tecnologie studiate in varie parti del mondo senza dubbio i TEDs (Turtle Excluded Devices, cioè strumenti per escludere le tartarughe) rappresentano la soluzione più convincente. I TED sono delle griglie metalliche, che si inseriscono, inclinate di 45 gradi, prima del sacco terminale delle reti a strascico, permettendo alle tartarughe che accidentalmente sono catturate, di fuoriuscire da un apposito "sportello" nella rete stessa.

Le griglie sono studiate in modo tale da permettere il passaggio delle specie commerciali (crostacei, molluschi e pesci), fino al sacco terminale, mentre le tartarughe con la loro forma e dimensione vengono veicolate verso l'esterno dalla griglia.

Questi strumenti sono già stati sperimentati con successo in varie parti del mondo, al punto che in alcune nazioni come Australia, Stati Uniti e Messico il loro uso per certe aree e tipi di pesca è divenuto obbligatorio.

Mai si erano sperimentati questi strumenti in

Adriatico, fino al 2005 quando, nell'ambito del progetto TARTANET, sono stati progettati, realizzati e quindi testati in mare diversi tipi di griglia variandone il disegno, i materiali impiegati e l'inclinazione. Queste sperimentazioni hanno fatto seguito anche ad alcuni incontri con i pescatori, proprio per discuterne l'uso, i vantaggi e gli svantaggi con i diretti interessati.

Le griglie sono state progettate e realizzate dal Consiglio Nazionale delle Ricerche (CNR) di Ancona, in collaborazione con Fondazione Cetacea. Successivamente, le griglie sono state montate su una rete a strascico commerciale e provate in mare a bordo della Nave da Ricerca "G. Dallaporta" del CNR.

Le prove in mare hanno dato esiti molto confortanti. La perdita di prodotto commerciale è stata limitata all'11%. Bassa dunque, ma forse non del tutto trascurabile per i pescatori stessi. Inoltre, durante il traino per diverse volte è stato gettato in mare un contenitore appesantito che doveva simulare una tartaruga. In tutte le occasioni la griglia ha funzionato perfettamente espellendo il contenitore dalla rete.

Le griglie sembrano, inoltre, essere molto efficaci nell'eliminare anche i rifiuti (pietre, tronchi e scarto antropico). Questa potrebbe essere la via giusta per rendere questa soluzione ben accettata dai pescatori. Infatti, la rimozione dei rifiuti fa sì che il pescato commerciale, evitando di essere "frollato" durante il traino, sia di qualità e prezzo superiore.

I diversi esperimenti, considerando che si tratta della prima ricerca condotta in tal senso a livello italiano, hanno permesso di migliorare le performance delle griglie passo dopo passo e di arrivare ad avere un'idea abbastanza completa circa i fattori principali (i materiali, il disegno, l'inclinazione e le modalità d'uso) che influenzano il corretto funzionamento delle griglie. Una seconda fase della sperimentazione, condotta più avanti, ha confermato i risultati confortanti della prima.

Il percorso è ancora lungo ma i risultati ottenuti durante la fase preliminare sembrano piuttosto soddisfacenti e lasciano ben sperare sul buon esito di questa esperienza, anche se reperire i fondi per proseguire queste ricerche resta un problema quasi insormontabile.

La questione dei rilasci invernali

Nell'aprile del 2004, nell'ambito delle attività del progetto Life "Tartanet", sono state organizzate due giornate di lavoro con alcuni operatori di Centri di Recupero tartarughe marine italiani, che sono stati ospitati presso la Riserva Naturale di Onferno. Erano presenti gli operatori dei centri di Riccione, in Emilia-Romagna, di Policoro in Basilicata, di Nora e dell'Asinara in Sardegna, di Talamone in Toscana, di Punta Campanella in Campania, di Manfredonia in Puglia, di Brancaleone in Calabria, di Linosa, Lampedusa e Cattolica-Eraclea in Sicilia. Sono stati due giorni di lavoro molto produttivo e di scambio di informazioni ed esperienze davvero proficuo.

Fra gli argomenti toccati, uno riguardava davvero da vicino le tartarughe marine dell'Adriatico, ma non solo di questo mare: la questione dei rilasci invernali. Cioè se sia opportuno rilasciare in mare, dopo averle curate, tartarughe marine completamente ristabilite, anche durante i mesi freddi. In generale è una pratica che non viene effettuata, e a maggior ragione da quando le linee guida redatte dal Ministero dell'Ambiente recitano chiaramente che "dopo una lunga degenza è auspicabile inoltre evitare di liberare gli esemplari durante i mesi invernali."

Ci si potrebbe chiedere qual è effettivamente il problema. Nel senso che la soluzione sarebbe fare rilasci solo durante i mesi caldi e la questione è chiusa.

In realtà il blocco dei ritorni in mare in inverno può davvero porre qualche problema. Ad esempio ci si può trovare a novembre e dicembre con animali sani e che però saranno costretti a stare in una vasca per altri sei mesi o più. Oppure si possono incontrare problemi si sovraffollamento del centro, se alle tartarughe lungo-degenti si aggiungono in inverno altri ingressi.

In Adriatico la questione ha margini ancora più stretti perché il nostro mare in inverno raggiunge temperature davvero estreme, parliamo anche solo di 6-7 gradi centigradi. Le tartarughe sono animali a sangue freddo e dunque non possono sopportare temperature così basse. In teoria. Sì in teoria, perché poi in pratica ci stiamo accorgendo che le cose non vanno proprio sempre così.

Sappiamo ormai da qualche anno che l'Adriatico è frequentatissimo da questi Rettili anche di inverno. In Croazia addirittura le catture invernali sono più numerose di quelle estive.

Inoltre grazie agli animali seguiti con i trasmettitori satellitari si è visto come alcuni esemplari decidano di restare tutto l'anno in Adriatico, continuando tranquillamente a muoversi e presumibilmente ad alimentarsi, senza che le basse temperature influiscano più di tanto sui loro comportamenti.

La verità è che davvero sappiamo poco di queste misteriose creature, e non è detto che le conoscenze che lentamente stiamo accumulando, non arrivino anche a far cambiare comportamenti, umani, ormai assodati.

MARCO AFFRONTE

SQUALI

Squali adriatici

E' stato pubblicato nel 2004 un libro sugli squali dell'Adriatico. Vi sono elencate 28 specie diverse. Non tantissime, forse, anche tenendo conto del fatto che in tutto il Mediterraneo le specie di squali presenti dovrebbero essere circa una cinquantina.

Eppure pare evidente che sapere che nel nostro mare vivono quasi trenta specie diverse di squali possa effettivamente colpire e stupire qualcuno, e magari, perché no, spaventare qualcun altro. A volte è ridicolo, ma capita di sentir dire che è meglio non parlare di squali in riviera, soprattutto d'estate. Certo fa parte sempre di una visione distorta, sia degli squali stessi, "feroci predatori senza cervello", sia del nostro mare, bagnarola per turisti e mai culla di biodiversità e ricchezza biologica.

Invece gli squali adriatici sono un patrimonio, come i delfini, le tartarughe, i tonni, il pesce azzurro e le vongole.

Le specie presenti in Adriatico sono molto diverse, sia ecologicamente, cioè per il tipo di ambiente che prediligono e quindi di vita che conducono, sia anche dal punto di vista morfologico, con forme e dimensioni molto differenti.

Chiaramente molte di queste specie sono di piccole, o relativamente piccole, dimensioni e in genere vivono in prossimità del fondo. Sono squaletti che siamo più abituati a vedere sui banchi del marcato che non nei documentari sui grandi predatori del mare... Specie come il palombo, lo spinarolo, il gattuccio sono molto comuni e spesso sono anche battezzate con lo stesso nome comune di "cagnetti".

Ma non mancano affatto anche squali di dimensioni di tutto rispetto, dai 2 metri e mezzo dello squalo grigio ai tre metri del curioso squalo "ronco" e ai quasi quattro dello smeriglio (molto spesso confuso con lo squalo bianco). Per poi arrivare ai bestioni di oltre quattro metri come lo squalo capopiatto (detto anche squalo vacca), lo squalo toro (che si ammira in tutti gli acquari del mondo, per il suo aspetto truce, i suoi denti appuntiti e la sua indole invece pacifica e lenta), lo squalo mako, velocissimo predatore dal muso appuntito, lo squalo martello comune.

Fra i grandi pelagici che frequentano le nostre acque ricche di cibo ci sono anche la verdesca, il bellissimo squalo blu, oramai decimato dalla pesca sportiva, così come l'altrettanto elegante squalo volpe dalla coda lunghissima (può raggiungere i sei metri totali, di cui tre solo di coda). Queste due specie, come anche il più raro squalo grigio, scelgono l'alto Adriatico come vera e propria culla dove partorire i piccoli.

Ricordiamo inoltre che occasionali sono gli avvistamenti di un vero e proprio gigante, lo squalo elefante o cetorino, enorme pesce filtratore che può arrivare a nove metri di placida eleganza. Specie che nel 2001 è stata protagonista di una vera e propria invasione con più di sessanta segnalazioni in un mese circa...

Infine sporadici oramai sono gli avvistamenti dello squalo bianco che all'inizio del secolo frequentava regolarmente le tonnare del golfo di Trieste. Ora, a quanto pare, con il diminuire delle prede, il grande bianco appare oramai solo occasionalmente, e ogni volta con gran clamore. Ma forse non ama la pubblicità...

Il Grande Bianco

Crediamo che esistano poche altre creature marine che colpiscono l'immaginazione come il grande squalo bianco (*Carcharodon carcharias*). Questo squalo robusto, potente, veloce, dinamico e indubbiamente grande (raggiunge eccezionalmente anche i 7 metri di lunghezza), è lo squalo per eccellenza, nell'immaginario collettivo. Anche se, purtroppo, deve la sua fama a motivi molto più legati alla paura che la sua bocca enorme e i suoi denti grandi, triangolari e affilati, suscitano in noi, che non alla meraviglia e al fascino che l'ecologia e il comportamento di questo grande predatore possono originare.

E' sorprendentemente alto il numero di segnalazioni di Squalo bianco collezionate durante il diciannovesimo e la prima metà del ventesimo secolo, nell'Adriatico nord-orientale. Questi avvistamenti e catture, collocati principalmente nel golfo di Trieste e nell'area del Quarnaro, indicano come, con ogni probabilità, nel periodo indicato, lo squalo bianco fosse molto più frequente in queste acque che non in tutto il resto del Mediterraneo.

Ovviamente, per un predatore di tali dimensioni, è normale collegarne la presenza in una data area, con la disponibilità di prede. Per cui si fa risalire l'allora intensa frequentazione di squali bianchi, con le numerose attività di pesca al tonno (vere e proprie tonnare) che si praticavano proprio in quell'area.

E forse proprio per lo stesso motivo (leggi cioè diminuzione drastica delle prede), oggi lo squalo bianco è diventato solamente raro, se non addirittura sporadico, in Adriatico. Gli avvistamenti, meno di uno all'anno, di questo grande pesce suscitano sempre un grande clamore, con passaggi su media nazionali, e spesso proclamazioni di allarme, quasi sempre ingiustificate.

Il 20 settembre 1986, l'aliscafo che collega Rimini all'allora Jugoslavia avvista uno "squalo di circa sei metri". Nei giorni seguenti l'animale viene ripetutamente avvistato e addirittura preso all'amo, ma la bestia spezza ben presto la lenza. Infine il motoscafo "Gatto nero" lo riavvista e lo fotografa: sì, è uno squalo bianco.

Il 29 agosto 1997 un altro avvistamento fa scalpore. Sui telegiornali nazionali passano le immagini filmate di uno squalo bianco che, 25 miglia al largo di Senigallia, addenta la carcassa di uno squalo volpe appesa fuori bordo ad una barca di un pescatore sportivo che si vede divorare la preda appena pescata. Anche stavolta grande allarme e addirittura bandiere rosse in spiaggia...

L'estate successiva, nel 1998, un esemplare viene fotografato al largo di Giulianova, mentre per l'avvistamento fotografico successivo bisogna aspettare tre anni: agosto 2001, a Falconara.

L'anno dopo, settembre 2002, un pescatore al largo di Porto San Giorgio scatta diverse belle foto di un esemplare di 4,5 m circa, che "ronza" attorno alla barca, con tanto di classica pinna dorsale che fende l'acqua.

L'ultima segnalazione risale infine al giugno del 2003, quando una femmina di 5,7 metri viene addirittura pescata nei pressi dell'isola di Jabuka, in Croazia. Il peso stimato era di 2,5 tonnellate.

Insomma, a dispetto di una presenza intensa a cavallo del XIX e XX secolo, attualmente questo affascinante bestione ci visita solo sporadicamente. E' necessario aggiungere che questi avvistamenti devono suscitare solo stupore e interesse e non certo paura o timori per la balneazione?

Lo squalo blu

In italiano si chiama verdesca, in spagnolo tintorera, ma chi scrive preferisce di gran lunga il suo nome inglese: blue shark, lo squalo blu. Perché blu, la verdesca (*Prionace glauca*) lo è davvero.

Il suo dorso, e soprattutto i suoi fianchi, sono di uno splendido colore blu brillante, con riflessi veramente affascinanti. Colori e sfumature che però si colgono solo se si ha la fortuna di vederlo vivo, perché fuori dall'acqua la livrea cambia colore, scurendosi.

Classico squalo pelagico e di acque aperte, è un nuotatore attivo che può anche, soprattutto di notte, avventurarsi sotto costa a profondità che vanno dai 150 metri fino alla superficie.

Si muove frequentemente in aggregazioni senza una rigida organizzazione, formate generalmente da individui di un solo sesso. Questi gruppi si incontrano e si mescolano nella stagione degli accoppiamenti. E' capace, se disturbato o se avvista una preda, di incredibili scatti di accelerazione e velocità. Infatti, il corpo è tipicamente snello, con muso allungato e caratteristici grandi occhi.

Può raggiungere una lunghezza, accertata, di almeno 3,8 metri, ma si pensa possa arrivare addirittura a 6.

La bocca piccola, provvista di numerosi denti minuti, triangolari e seghettati, è quella di un vorace predatore che si nutre di ogni piccolo pesce, soprattutto acciughe e sardine, e di calamari, ma non disdegna mammiferi marini, piccoli squali, tartarughe e uccelli acquatici. Preferisce normalmente specie pelagiche, sebbene si cibi a volte anche di pesci ed invertebrati bentonici.

Molto variabile il numero di piccoli che una femmina può partorire, addirittura da 4 a 135 (ma generalmente attorno a 30), ed esso in parte può dipendere dalla taglia della madre. I piccoli alla nascita misurano circa 40 cm.

E' diffusa in tutto il mondo, tranne nelle fredde acque dei poli, ma è molto frequente soprattutto nella fascia compresa fra i tropici e direttamente a nord e a sud di essi. E' uno degli squali più comuni lungo le coste italiane.

In Adriatico si trovano soprattutto le femmine o individui di piccola taglia, infatti nelle acque basse e ricche di cibo del nord, le mamme-verdesche vengono a partorire i piccoli. E' accertato effettivamente come il nord Adriatico sia una nursery area per questa specie.

Le verdesche sono di solito anche prede comuni nelle gare di pesca sportiva, e grazie a questo, una campagna di marcatura di verdesche è stata condotta nei primi anni novanta in Adriatico, in collaborazione con l'associazione Big Game Italia. Sono stati marcati un totale di 467 esemplari in un arco temporale di 6-7 anni. Venti di questi sono stati successivamente ricatturati ed hanno quindi permesso di "completare" il dato. In realtà da quella campagna di marcatura è emerso come le marcature effettuate da pescatori, quindi da personale non tecnico, non siano affatto affidabili dal punto di vista scientifico. La compilazione dei dati sullo squalo pescato avveniva in maniera superficiale e con inesattezze che infine invalidavano il dato stesso. Di fatto però, grazie alla cattura di molti neonati, questa campagna di ricerca ha per la prima volta individuato la nursery area di cui si parlava più sopra.

Le catture così frequenti di verdesche in gare di pesca sportiva dei primi anni novanta, che hanno permesso lo svolgimento di questa come di altre campagne di ricerca, indicavano però di per sé stesse un trend di catture in queste competizioni molto alto. Tutto ciò, lo ripetiamo, in un'area biologicamente delicata e importante come una nursery. E' anche a causa di queste battute di caccia, che allora potevano portare a decine di prede (in genere individui piccoli e immaturi), e che oggi sono ormai ridotte a catture sporadiche e occasionali, che la verdesche sembrano ormai purtroppo decisamente rarefatte nel nostro mare.

Pelle di smeriglio

Prima dell'"'invenzione" della carta vetrata, alcuni artigiani come per esempio gli ebanisti, per levigare i mobili pregiati e conferire alle superfici di essenze legnose nobili l'aspetto della seta prima della lucidatura finale, utilizzavano lo zigrino, ossia la pelle essiccata di *Lamna nasus*, il cui nome comune è, non a caso, smeriglio (da cui smerigliare, levigare ecc.).

Lo squalo smeriglio è un parente dello squalo bianco, con cui spesso viene confuso, che può raggiungere almeno i tre metri di lunghezza, forse anche i 3,50.

E' un nuotatore tremendamente efficace e preferisce acque abbastanza fredde, in genere sotto i 18° C. Distribuito un po' ovunque, non solo nei mari più disparati, ma anche lungo la colonna d'acqua, lo si può incontrare in superficie e poi giù fino a profondità oltre i 350 metri. Predatore molto attivo, ha denti piccoli e appuntiti, di cui si serve per catturare un'ampia varietà di prede, in particolare pesci (sgombri, sardine, merluzzi tra gli altri), calamari, ma anche altri squali come gattucci e cagnesche.

In Adriatico è presente, anche se difficilmente possiamo considerarlo comune. In effetti le catture di smeriglio sono abbastanza rare, anche se spesso salutate con entusiasmo visto l'ottimo sapore delle sue carni e di conseguenza l'alto valore commerciale. Sulle coste italiane dell'Adriatico si contano poco più di una dozzina fra catture e avvistamenti negli ultimi anni (dal 2000 in poi). Si tratta di esemplari di dimensioni in media attorno ai 160 cm, con un esemplare molto piccolo di sesso femminile catturato a San Benedetto del Tronto nel luglio del 2001 che misurava solo 91 cm. Uno più grande invece, stimato attorno ai 2,5 metri, è stato catturato e filmato nel dicembre del 2001 a Pescara. Da rimarcare i tre esemplari catturati a Cesenatico nel luglio del 2001 e identificati al... mercato ittico di Milano, e la cattura nell'estate del 2000 di un maschio di 152 cm, tuttora conservato in formalina presso il Laboratorio di biologia marina di Fano.

Non mancano dati e catture anche sulla sponda orientale dell'Adriatico ovviamente. Secondo Alen Soldo dell'Università di Spalato, non sono comunque più di 15 le segnalazioni certe di smeriglio sulle coste slave, nel XX secolo (anche se l'autore sottolinea come sia facile confondere questo squalo con altre specie, in particolare il mako e lo squalo bianco). Da notare, fra queste segnalazioni, quella di un esemplare catturato alle Kornati nel giugno del 1933, la cui lunghezza totale riportata è di ben 375 cm: significa uno dei "record" mondiali per questa specie.

La popolazione di smerigli del Mediterraneo, nella Lista Rossa delle specie in pericolo, è stata catalogata, nel 2005, come *critically endangered*, cioè seriamente in pericolo. Dal momento che gli smerigli dell'Atlantico vengono invece considerati semplicemente *vulnerable* (cioè a rischio), ancora una volta il nostro mare mostra segnali preoccupanti, grida d'allarme da raccogliere prima possibile.

Lo squalo grigio

Lo sappiamo che c'è in Adriatico, e sappiamo anche che molto probabilmente è meno raro nelle nostre acque di quanto possa sembrare. E questo perché normalmente ne vengono pescati esemplari piccoli e quindi facilmente confondibili con altre specie. E anche perché lo squalo grigio (*Carcharhinus plumbeus*), è di lui che stiamo parlando, può essere venduto al mercato sotto falsi nomi, primo fra tutti quello di "palombo".

Lo squalo grigio o plumbeo ha muso corto e arrotondato e raggiunge medie dimensioni; in genere 2,5 metri è la lunghezza massima e le femmine sono leggermente più grandi dei maschi. La prima pinna dorsale è grande e triangolare, la seconda più piccola. Le pinne pettorali sono lunghe e falcate, quella caudale presenta il lobo superiore molto sviluppato. La colorazione varia da marrone-medio a grigio-marrone sul dorso, che sfuma in bianco ventralmente con una banda orizzontale indistinta di pigmentazione scura che invade il bianco dei fianchi e della pancia.

Vive nelle acque temperate e tropicali di tutto il mondo. Nel Mare Mediterraneo è piuttosto comune nelle aree del centro-sud, in particolare al largo della Tunisia, Libia, Egitto e all'interno del Canale di Sicilia. Frequente un tempo in tutto il mare Adriatico, lo squalo grigio è sempre più raro nella parte settentrionale, che costituisce invece una nursery-area di fondamentale importanza.

Si ciba di piccoli pesci e molluschi.

Cresce molto lentamente, comincia a riprodursi a circa dieci anni e può vivere almeno fino a trenta. Le femmine, in attesa di partorire, si avvicinano a riva e probabilmente ciò serve a mettere i piccoli al riparo da potenziali aggressioni degli altri adulti. Una zona di riproduzione di questi squali si trova anche all'interno del Golfo di Gabès (Tunisia), dove i parti avvengono durante i mesi estivi dopo una gestazione di circa un anno.

Tra l'altro lo squalo grigio è protagonista di una storia particolare per la Fondazione Cetacea. Si sapeva infatti che in Adriatico i pescatori catturano piccoli esemplari di uno squalo che loro battezzano come Squalo Adriatico. Ma questo nome non si trova in nessun testo. Per cui la Fondazione Cetacea, nel 1999, allertò alcuni pescatori affinché portassero, se possibile, qualche esemplare di Squalo Adriatico che potesse servire a classificarli.

Funzionò. All'inizio di settembre (il 5), uno dei pescatori coinvolti nella "caccia" annunciò di avere trovato nelle reti della sua imbarcazione un esemplare della specie che ci interessava, ancora vivo. Purtroppo muore dopo qualche giorno e viene identificato come Squalo grigio.

Nello stesso periodo un collega della Riserva Naturale Marina di Miramare (Trieste) ci mostrò delle foto di esemplari simili, di dimensioni leggermente superiori (attorno ai 70 cm), anche questi pescati a fine agosto –

primi di settembre, in nord Adriatico.

L'anno dopo, il 2000, fu ripetuto l'appello ai pescatori perché portassero eventuali Squali adriatici. Funzionò ancora. E di nuovo ai primi di settembre: il 9 ne arriva uno di 60 cm, moribondo e che non sopravvive. Una settimana esatta dopo, il 16 eccone un secondo, di 52 cm.

Insomma mettendo insieme tutti i dati ricavati da questi preziosissimi esemplari di squali grigi, si riuscì poi a confermare che fra la fine di agosto e i primi di settembre le mamme di squalo grigio vengono qui da noi (come fanno anche gli squali volpe e le verdesche) a partorire i loro piccoli. Il nord Adriatico rappresenta anche per questa specie una confortevole e accogliente nursery. Ne fu ricavato anche un importante articolo poi pubblicato su una prestigiosa rivista scientifica.

Lo squalo volpe

La prima volta che lo si vede si rimane un po'
sconcertati. Per quell'aspetto decisamente elegante,
per i colori dei fianchi che possono assumere
sfumature incredibili, ma soprattutto per quella coda
lunghissima, che sembra quasi un capriccio di natura.
Queste caratteristiche gli conferiscono un'apparenza
forse "esotica", ma stiamo parlando di un tipico
abitante delle acque adriatiche: lo squalo volpe
(*Alopias vulpinus*).
Più comunemente conosciuto come pesce volpe,
questo squalo appartiene alla famiglia dei Lamniformi,
di cui fanno parte altri squali molto conosciuti come lo
squalo bianco, lo squalo elefante, il mako e lo
smeriglio.
In inglese il suo nome comune diventa "thresher
shark", che significa squalo battitore: e qui torniamo
alla sua caratteristica più evidente. Quella coda
lunghissima, che può rappresentare il 50% della
lunghezza totale dell'animale, viene utilizzata come
una frusta. Vibrando forti colpi di coda infatti, lo
squalo volpe stordisce e disorienta le sue prede, in
genere pesci, ma anche crostacei e cefalopodi (seppie e
calamari), per poi catturarle con facilità.
In Adriatico la specie è abbastanza comune,
specialmente nelle aree centrali e settentrionali. Anche
in questo caso però, pare decisamente evidente il
declino che negli ultimi decenni ha interessato (anche)

questo pesce. Le cause sono come al solito, la diminuzione delle prede, le catture accidentali o meno nella pesca commerciale, alle quali si aggiunge però anche l'incidenza della pesca sportiva, che ha nello squalo volpe una preda ambita. Tra l'altro è difficile che uno squalo volpe pescato per sport venga poi rilasciato, come a volte avviene per altre specie come la verdesca; questo a causa delle sue carni particolarmente buone e proprio per la sua coda, che diviene un macabro trofeo da esporre.

Da notare che questa specie può raggiungere i 6 metri di lunghezza, di cui però almeno tre sono rappresentati dalla coda. Proprio in Adriatico, nel 1987, al largo di Pescara è stato catturato uno dei volpe più grandi: appunto circa 6 metri. La tipologia delle sue prede, di piccole dimensioni, segnala comunque come questo squalo non sia pericoloso per l'uomo.

Nei mesi estivi le mamme squalo si spostano proprio in nord Adriatico per partorire i piccoli, in genere solo due per volta, raramente quattro; questo perché la specie è oofaga, cioè in ogni utero si sviluppa solo un embrione, il quale si nutre, mangiandole attivamente, delle altre uova prodotte dalla madre, ma non fecondate. Importanti indicazioni sulla sua particolare modalità riproduttiva sono venute proprio dalla cattura di una femmina gravida, durante una gara di pesca d'altura al largo di Porto S. Giorgio, il 26 settembre 1992. L'esemplare, lungo 4,3 metri, oltre a molte uova non fecondate, portava in grembo anche quattro embrioni in formazione, di lunghezza variabile dai 170 ai 185 mm.

Il fatto che l'Adriatico sia una nursery per diverse specie di squali, ne fa un'area biologicamente importante e delicata, in cui ogni disturbo causa danni notevoli alle popolazioni stesse.

Squali al mercato

E' abbastanza facile, riflettendoci un po', capire quanto sia difficile compiere studi scientifici sugli squali. Come tutti gli animali marini, vivono in un ambiente che decisamente non è il nostro, e nel quale noi ci muoviamo a fatica e solo con l'ausilio di mezzi, siano essi imbarcazioni o attrezzature subacquee, per esempio. Inoltre, se vogliamo fare il confronto rispetto allo studio di Cetacei e tartarughe marine, gli squali sono difficilissimi da avvistare in mare (non devono venire in superficie a respirare come delfini e tartarughe). Di più, avendo un intestino molto breve, quando muoiono, i gas della putrefazione non riescono a sollevarli in superficie, per cui di fatto, gli squali non si spiaggiano. Per avere campioni per la ricerca non rimane allora che imbarcarsi con i pescatori, oppure "aspettarli" al mercato ittico. Resta comunque una enorme lacuna negli studi di questo tipo, anche nelle frequentatissime coste alto-adriatiche.

Una piacevole sorpresa è stata dunque leggere una tesi di laurea, della ora dr.ssa Caterina Lanfredi, dell'Università di Padova, sull'analisi del pescato di squali presso il mercato ittico di Chioggia.

Il lavoro è molto interessante e prende in considerazione il pescato di Elasmobranchi (squali e razze) dal 1945 al 2002, ottenuto dalla marineria di Chioggia. Un primo problema, lavorando con i mercati ittici, è la mancata definizione delle specie precise di squali pescati, che vengono invece raggruppati in categorie, con nomi comuni anche abbastanza curiosi. Nel lavoro in questione le categorie erano: cani, cani palombi, cani spinaroli, cani volpe, cani canesca (fino al 1996 questi primi cinque gruppi erano riuniti sotto il nome di asià), gatti e razze. Ci sono poi altre due categorie: gli smerigli e i cani spellati. Questi ultimi raggruppano tutti gli squali giunti al mercato privi di pelle (per eliminare l'odore tipico di ammoniaca). Come si vede, fare una ricerca scientifica usando queste categorie, non pare troppo semplice...

Al di là del folklore di queste nomenclature, interessanti sono invece i dati ottenuti. Soprattutto in alcune categorie, evidenti sono i cali nei quantitativi pescati. Per i "cani volpe", cioè gli squali volpe, ad esempio, si passa dai 600-1000 kg alla fine degli anni '90, a meno di 200 kg nel 2002.

Per i gatti (squali gattuccio e gattopardo) i valori sono in crescita dal 1945 (5 tonnellate) al 1970 (35 tonnellate). Poi la drammatica diminuzione, decisa e costante per attestarsi su valori di meno di mezza tonnellata, dal 1986 in poi. Valori preoccupanti anche per le razze, che passano dalle 10-14 tonnellate prima del 1950, alle 2 tonnellate del 2002.

Questi andamenti, di per di sé decisamente preoccupanti, sono almeno in parte mitigati se associati al cosiddetto sforzo di pesca (dati resi disponibili dal 1992). Infatti va rilevato come il numero di pescherecci della flotta chioggiotta, sia passato dalle 500 unità nel 1992 alle 380 del 2001.

Questo calo è dovuto alle agevolazioni fiscali sul disarmo e agli incentivi alla rinuncia dell'autorizzazione alla pesca professionale previsti dalla Comunità Europea. Resta comunque il fatto che la flessione evidente in alcune popolazioni di razze e squali adriatici non può essere associata solo alla diminuzione del numero di pescherecci attivi.

Un ulteriore dato che emerge da questo lavoro è, ancora una volta, la lampante mancanza, e quindi stringente necessità, di un maggior numero di studi e ricerche di questo tipo.

Mediterraneo pericoloso per squali e razze

Normalmente su queste pagine parliamo di specie, avvenimenti, problematiche legate al mare Adriatico. Non c'è dubbio però che documenti o notizie che riguardano specie e popolazioni di tutto il Mediterraneo possano per forza riguardare anche le acque di casa nostra. E se poi parliamo di una situazione decisamente grave come quella degli squali e delle razze del Mediterraneo, ovviamente il grido di allarme riguarda e deve avere risonanza anche per le popolazioni adriatiche.

E' bene ricordare che il problema del drastico e repentino calo delle popolazioni di squali, è qualcosa che ci riguarda molto da vicino. Come abbiamo visto, vivono una trentina di specie di squali in Adriatico. Dai piccoli gattucci ai grandi squali elefante, dalle splendide verdesche agli eleganti squali volpe. Sebbene in Adriatico sia drammatica la carenza di dati scientifici sull'abbondanza di queste popolazioni, i pochi dati a disposizione mostrano chiaramente il declino, in alcuni casi la quasi scomparsa, di questi affascinanti pesci dalle acque adriatiche. Pur non essendo infatti, se non per poche specie commerciabili, essi pescati direttamente, l'impoverimento delle risorse ittiche porta come conseguenza la diminuzione degli squali, che di queste risorse come noi si nutrono.

Dunque è stata pubblicata nel 2007 dall'IUCN (International Union for Conservation of Nature), la lista rossa degli squali e delle razze del Mediterraneo. Al momento della pubblicazione, nel sito di questa organizzazione la notizia era intitolata così "Mediterraneo, il posto più pericoloso della Terra per squali e razze".

Crediamo che già dal modo in cui venne data questa notizia sia chiaro cosa è risultato dal lavoro pluriennale del gruppo di esperti. In effetti, salta agli occhi che delle 71 specie censite nel nostro mare, ben 13 sono al livello di allarme più elevato, cioè *critically endangered*. Otto sono le specie *endangered* (in pericolo) e sette quelle *vulnerable* (vulnerabili). Si fanno notare anche i 18 DD, che significa un triste *Data Deficient*, cioè non ci sono purtroppo abbastanza dati per valutarne le condizioni.

Fra le specie maggiormente a rischio, lo smeriglio, lo squalo toro, alcune specie di squadro e diverse razze.

Se volessimo riassumere molto brevemente e crudemente potremmo senza tema di smentita affermare che il Mediterraneo ha la più alta percentuale al mondo di squali in pericolo. Perché siamo arrivati a questo?

Prima di tutto, parlando di Elasmobranchi, cioè appunto squali e razze, non bisogna mai dimenticare che questi animali sono per loro natura molto vulnerabili all'impatto e alle minacce che le attività dell'uomo possono rappresentare. Infatti la loro biologia riproduttiva prevede cicli molto lunghi e soprattutto la "produzione" di pochissimi piccoli per volta. In un ambiente in equilibrio questo non è un problema, in un ambiente disturbato invece la loro capacità di ripresa è moltissimo limitata da queste caratteristiche biologiche.

Detto questo, cosa sta minacciando la sopravvivenza di questi predatori? Nonostante il valore commerciale di queste specie sia basso, si è passati dalle 10.000 tonnellate sbarcate nel 1970 (dati FAO) alle 25.000 del 1985. Poi il declino, deciso e inesorabile, che ha portato alle attuali 1.000 tonnellate all'anno. Sebbene questo prelievo diretto abbia contribuito all'impoverimento delle specie, un pericolo maggiore è rappresentato inoltre dalle catture accidentali in strumenti costruiti per pescare specie più pregiate (pesce spada, tonno per esempio), ma che catturano anche squali e razze in quantità. Fra questi i palangari (o palamiti), lunghe lenze corredate di migliaia di ami, o le illegali, ma sempre presenti, reti derivanti.

Non solo la pesca diretta è però imputata per la rapida diminuzione di squali e razze. La perdita degli habitat, invasi o degradati a causa delle sempre più sviluppate attività antropiche, l'impoverimento degli ecosistemi sottoposti a intense attività di pesca o di traffico navale, e infine l'inquinamento, sono altrettanti colpevoli di una situazione che ha assunto ormai contorni drammatici, e che andrebbe risolta con interventi in tempi brevissimi. Pena, la scomparsa di molte specie, patrimonio di tutti.

La pubblicazione di una lista rossa non può purtroppo cambiare nulla, ma deve almeno fungere da istantanea di un quadro a tinte veramente fosche, e da fortissima sirena di allarme affinchè si possa intervenire, finchè c'è ancora tempo per farlo.

Questa la situazione in Mediterraneo e in Europa; fortunatamente da qualche anno si è costituita la Shark Alliance, una coalizione di associazioni non governative, che lavora per la conservazione e il recupero delle popolazioni di squali, attraverso il miglioramento delle politiche europee. Ne fanno parte più di 80 enti, diversi dei quali italiani.
Anche grazie alle pressioni politiche della Alliance, il 5 febbraio 2009 è stato finalmente presentato, da parte della Commissione Europea, il Piano d'azione per la conservazione degli squali. Un documento tanto atteso quanto fortemente dovuto. "La pubblicazione del Piano d'azione comunitario è un importante passo avanti nella conservazione degli squali nelle acque comunitarie ed extracomunitarie" ha dichiarato Sonja Fordham, allora direttore per le politiche di Shark Alliance. "Il Piano si impegna a porre limiti alla pesca degli squali che siano basati su dati scientifici, a promuovere la protezione delle specie a rischio e a imporre un divieto di finning (l'asportazione delle pinne) più severo. Ciò è fondamentale per assicurare un futuro migliore ad alcune delle specie di animali più vulnerabili e trascurate d'Europa."
Gli obbiettivi dichiarati del piano sono: approfondire le conoscenze sugli squali e sul loro ruolo negli ecosistemi e nelle zone di pesca; regolare la pesca dello squalo in modo sostenibile, intervenendo anche sulle

catture accidentali; dare luogo a un approccio comune verso le politiche comunitarie interne ed esterne riguardanti gli squali.

Ci teniamo a rimarcare che finalmente si parla anche di approfondire le conoscenze sugli squali, visto che sono anni che si va dicendo che nel caso degli squali mancano anche i dati più elementari per poter valutare con precisione scientifica il problema ed elaborare strategie di azione. E' davvero apprezzabile dunque l'intenzione della Commissione di "migliorare la raccolta di dati sulle catture e il commercio di squali, diversificata per specie".

Per quanto riguarda, ad esempio, " la sostenibilità della pesca degli squali e la salvaguardia delle specie di squali a rischio", si parla fra l'altro di rendere la pesca compatibile con risorse disponibili, stabilire dei limiti alla pesca degli squali che si basino su dati scientifici, attuare una migliore selezione delle attrezzature al fine di ridurre le catture accidentali di squali, sviluppare programmi di riduzione della pesca accidentale per le specie di squali classificate come in pericolo e criticamente in pericolo, stabilire periodi o zone di chiusura al fine di proteggere i siti dedicati al parto e all'allevamento dei piccoli, e molto altro.

Il Piano di Azione si dipana attraverso diversi punti, obbiettivi e strategie, ma resta comunque un documento generale, il quale, tra l'altro, non avrà alcun effetto se non verrà recepito e integrato con regolamenti da ogni paese membro.

Il Piano d'azione è un documento fondamentale e c'è

di che gioire per la sua pubblicazione. Ora non può e non deve restare solo sulla carta. Questa è la sfida dei prossimi anni.

A caccia di squali

Abbiamo scritto più volte in queste pagine, quanto interessante e biologicamente importante sia la popolazione di squali in Adriatico. Le specie presenti nelle nostre acque sono circa una trentina, e per alcune di esse (verdesca, squalo volpe, squalo grigio) le basse e ricche acque dell'area settentrionale del bacino sono un luogo dove svolgere una delle funzioni fondamentali per la sopravvivenza della specie: il parto dei piccoli squali. E' bene ricordare infatti che molti squali non depongono uova come tutti i pesci, ma partoriscono piccoli ben formati (vivipari) che si sviluppano all'interno del corpo della madre.

Sempre su queste pagine abbiamo ricordato con dispiacere e allarmata urgenza come tali popolazioni siano in declino, dovuto alla pesca intensiva sia diretta che indiretta, che elimina le loro prede. A questo si aggiungono le variazioni dell'habitat, causate sia dalla presenza dell'uomo, che forse dai cambiamenti climatici.

Nel 2005 e 2006 due spedizioni della britannica Shark Conservation Society hanno avuto come obiettivo proprio il nostro mare, con l'intento di scoprire lo stato di salute degli squali adriatici, in particolare sul lato croato. Così, il primo anno, due imbarcazioni noleggiate in Croazia hanno preso il largo per 21 giorni consecutivi, a cavallo fra luglio e agosto, "a caccia" di squali. Durante la preparazione delle campagne, i ricercatori erano già stati in Croazia, e tramite numerose interviste con pescatori sportivi e professionali, oltre che con ricercatori locali, avevano individuato sette aree differenti dove la probabilità di incontro con gli squali sarebbe dovuta essere maggiore.

Come avvistare però questi animali che frequentano poco o niente la superficie dell'acqua? Attirandoli con le esche. In pratica, per tutta la durata della spedizione, e per ventiquattro ore al giorno, i ricercatori e i loro collaboratori volontari hanno predisposto in acqua un lungo set di ami (uno strumento chiamato palamito o palangaro), allo scopo di attirare gli squali. Gli ami erano nascosti dentro appetitose sardine, le esche appunto, e disposti poi a varie profondità.

Nel piano degli studiosi, in caso di catture di grosse specie come lo squalo bianco, il mako, lo smeriglio e il volpe, erano pronti anche dei trasmettitori satellitari per marcarli e seguirne poi i movimenti.

Purtroppo una delle aree più promettenti, la fossa di Pomo di cui parliamo in altra parte del libro, non fu esplorata a causa di tre giorni di forte maltempo. Il risultato della prima spedizione? Scarsissimo. In poco più di 300 ore di pasturazione, solo 9 verdesche (*Prionace glauca*) furono catturate e poi ovviamente rilasciate. A queste si aggiungono altre 7 verdesche pescate nelle stesse aree da pescatori sportivi a caccia di tonni. Un magro bottino.

Senza farsi scoraggiare dagli scarsi risultati del 2005,

nel 2006 l'operazione è stata ripetuta, o meglio è stata completata quella dell'anno precedente. Infatti in questa occasione i ricercatori si sono fermati per soli quattro giorni e solo nella Fossa di Pomo, che era appunto "saltata" l'anno prima. Questa volta la frequenza di cattura è stata decisamente migliore, con sette verdesche in quasi 58 ore di pastura (una ogni otto ore circa). Ma il dato globale resta scarso. Poche catture e solo di verdesche. Nella pubblicazione che seguì le campagne di ricerca, i ricercatori concludono che possono confermare come la popolazione di squali in Adriatico sia fortemente diminuita, con la sola verdesca a rappresentare una presenza abbastanza regolare. Ovviamente studi più estesi sia nel tempo che nello spazio, potrebbero dare risultati diversi, ma difficilmente molto migliori di questi.

Sette cose da sapere sugli squali in Adriatico

1. Gli squali in Adriatico ci sono. Chiunque abbia un minimo interesse in materia di ambiente marino lo sa. Il resto, la massa, ancora lo ignora, ancora si stupisce e molte volte, purtroppo, fa pure la faccia spaventata. Invece gli squali adriatici sono un patrimonio, come i delfini, le tartarughe, i tonni, il pesce azzurro e le vongole.

Le specie presenti in Adriatico sono molto diverse, sia ecologicamente, cioè per il tipo di ambiente che prediligono e quindi di vita che conducono, sia anche dal punto di vista morfologico con forme e dimensioni molto differenti.

Chiaramente molte di queste specie sono di piccole, o relativamente piccole, dimensioni e in genere vivono in prossimità del fondo. Sono squaletti che siamo più abituati a vedere sui banchi del mercato che non nei documentari sui grandi predatori del mare... Specie come il palombo, lo spinarolo, il gattuccio sono molto comuni e spesso sono anche battezzate con lo stesso nome volgare di "cagnetti".

Ma non mancano affatto anche squali di dimensioni di tutto rispetto come il capopiatto, la verdesca, lo squalo volpe e lo squalo bianco.

2. Per gli squali, di sicuro per alcune specie, l'Adriatico è un'area biologicamente molto importante. Alcune specie, soprattutto quelle di dimensioni notevoli,

possono frequentare le nostre acque anche solo di passaggio, magari inseguendo qualche preda golosa. Al contrario, per molte altre specie l'Adriatico rappresenta un ambiente, un ecosistema, in cui questi predatori trovano il loro ruolo, la loro "nicchia" ecologica.

Curiosamente però, l'Adriatico, soprattutto le basse acque settentrionali, rappresenta per alcune specie qualcosa di molto più importante: un luogo accogliente dove far nascere i propri piccoli. Una cosiddetta *nursery*. Negli squali vivipari, non essendoci comunque cure parentali, i piccoli devono cavarsela da soli: ecco allora che diventa fondamentale, se possibile, farli nascere in un ambiente con molto cibo e pochi predatori. L'alto Adriatico è una nursery per la verdesca, per lo squalo volpe, e anche per lo squalo grigio.

3. In Adriatico c'è anche lo squalo bianco. Sì, proprio lui, il formidabile predatore. All'inizio del secolo il Grande Bianco frequentava regolarmente le tonnare del golfo di Trieste. Ora, a quanto pare, con il diminuire delle prede, il grande squalo appare oramai solo occasionalmente, e ogni volta con gran clamore. Negli ultimi vent'anni gli avvistamenti certi non arrivano a dieci, tra cui una femmina di 5,70 m pescata in Croazia nel 2003. Ma forse il grande pesce non ama la pubblicità...

4. Il rischio di essere attaccati da uno squalo in

Adriatico è pari a zero. E' vero, esistono degli elenchi globali di attacchi di squalo dove quelli riportati in Adriatico ci sono eccome. Però: a) in genere sono dati di secoli scorsi (e abbiamo detto quanto lo squalo bianco fosse allora un abituale frequentatore di queste acque), b) è difficile controllare la veridicità di tutti questi report, c) a volte la ricerca della notizia a sensazione "forza" un po' la mano anche nella compilazione di queste liste. Specie di squali veramente pericolosi in Adriatico non ce ne sono, a parte il bianco, che come abbiamo visto è meno che sporadico.

5. Degli squali adriatici interessa a pochi, purtroppo è così. Le ricerche svolte o in svolgimento sono talmente scarse da essere quasi irrilevanti. Non si hanno dati veritieri di pesca, e ancora meno informazioni biologiche e ecologiche. Fare ricerca sugli squali costa, ed è complicato. L'interesse commerciale è praticamente nullo, così i soldi (già pochi) vanno da altre parti.

6. Gli squali dell'Adriatico stanno scomparendo. E' evidente, e comunque basta chiedere ai pescatori, o ai mercati ittici. Il declino del pescato in Adriatico è eclatante, e se ci sono sempre meno prede, ci sono anche sempre meno predatori. Il confronto fra le carte ottenute dalle campagne di ricerca della fine degli anni '40, con quelle di fine anni '90, fa venire le lacrime agli occhi per lo sconforto. I pescatori sportivi 15 anni fa

pescavano decine di verdesche a ogni gara (e un po' della responsabilità è anche loro), oggi due o tre animali sono già un risultato.

7. L'Adriatico senza squali è un mare che cambia, in peggio. L'eliminazione sistematica dei grandi predatori sconvolge gli ecosistemi in modi che stiamo appena cominciando a intuire. Si innesca un effetto domino: senza la funzione di controllo dei predatori, le specie "controllate" crescono in maniera abnorme e l'equilibrio del sistema si sconvolge, e ricomincia necessariamente a riassestarsi in maniere che non sono prevedibili. E comunque, un mare senza squali, è un mare povero, ferito, innaturale. Un mare da turisti e bagnini, verrebbe da dire. Un mare molto meno affascinante.

LUOGHI E ALTRE STORIE

C'era una volta un'area protetta per i delfini

Nel 1987 uno sparuto gruppetto di studenti e neo-
laureati decise di studiare i delfini dell'Adriatico,
andandoli a cercare dove all'apparenza ce n'erano di
più: nelle acque del Quarnero, in Croazia. I ragazzi
appartenevano all'Istituto Tethys di Milano e l'isola di
Lussino divenne la loro base. Con pochi soldi e molta
volontà cominciarono un progetto di ricerca che ben
presto divenne l'Adriatic Dolphin Project e che poi
proseguì addirittura fino al 2000 e che dal 1997
coinvolse anche il Museo di Zagabria.
Individuarono una piccola popolazione di 100-120
tursiopi (*Tursiops truncatus*) che però mostravano un
alto grado di fedeltà a quell'area: in pratica vi erano
residenti.
Contemporaneamente, dal 1994, sempre con base
l'isola di Lussino, un altro ente, questa volta croato,
conduceva anch'esso ricerche sulla popolazione di
Cetacei (e di Tartarughe marine) di quell'area: il Blue
World Institute.
L'attenzione di tanti ricercatori, unitamente alle
scoperte da loro compiute proprio sui delfini residenti
in quell'area ha portato, nel 2006, all'istituzione di
quella che, al momento, rappresentava un qualcosa di
unico per il Mediterraneo. Una riserva naturale marina
dedicata proprio alla protezione di un cetaceo, il
tursiope. La quale, purtroppo, diventerà ben presto la
storia di un fallimento.

Il 6 agosto 2006 dunque, nasceva la Lošinj Dolphin Reserve. Con una superficie di 526 chilometri quadrati era l'area marina protetta più grande dell'Adriatico e copriva le acque orientali delle isole di Lussino e Cres, arrivando a sud fino all'isola di Ilovik. Tutto il territorio della riserva era sotto la giurisdizione della Municipalità di Mali Losinj ed era protetta dalle leggi croate come Riserva Zoologica Speciale.

Per la verità, al momento dell'istituzione, questa area di protezione non prevedeva meccanismi o strumenti di tutela particolarmente forti. Era previsto infatti che, per i primi tre anni, l'area fosse unicamente sotto una cosiddetta "protezione preventiva", la quale consisteva semplicemente nella salvaguardia dell'area dallo sviluppo di attività umana. Questo attraverso la costituzione di un organismo di gestione e la stesura di un piano di management della Riserva.

Per quanto dedicata esplicitamente alla tutela dei delfini, l'area protetta è un sito importante dal punto di visto biologico anche per diversi altri organismi. In inverno ad esempio, un gran numero di tartarughe comuni (*Caretta caretta*) attendono in queste acque, più profonde e dunque leggermente meno fredde di quelle occidentali, l'arrivo della bella stagione.

In alcuni punti si sono sviluppate associazioni di coralli molto apprezzabili e le lunghe foglie della posidonia (*Posidonia oceanica*) ricoprono, nutrono e offrono riparo, su buona parte dei fondali. Anche fuori dall'acqua, ma a stretto contatto con essa, non mancano gli ospiti importanti, e qui nidifica ad esempio il Marangone dal ciuffo, un bel cormorano.

I numeri forse rendono ancora di più l'idea. Nell'area sono state identificate 152 specie di vegetali acquatici, 303 specie di invertebrati (16 delle quali protette) e 112 specie di pesci.

Insomma, l'area, tra l'altro bellissima anche dal punto di vista paesaggistico, ha un valore naturalistico e biologico davvero elevato. Eppure, nonostante a livello nazionale e internazionale avesse ricevuto la calda approvazione di tutti, la comunità locale non è stata dello stesso avviso. Di conseguenza, il processo di approvazione della Riserva è stato bloccato il 27 luglio 2009. Muore così, nell'indifferenza generale, la prima Riserva del Mediterraneo dedicata ai delfini, praticamente prima che fosse davvero nata.

Tropicalizzazione e meridionalizzazione

Riscaldamento globale, cambiamenti climatici. Termini che sono diventati di uso comune, conseguenze, forse un giorno devastanti, dell'effetto dell'attività dell'uomo sull'"ecosistema Terra". Dietro a queste espressioni, altre ne seguono, esiti o effetti collaterali di questi grandi cambiamenti apparentemente in (rapido) corso. In mare, dove gli effetti sono comunque se non meno ampi, forse meno evidenti o leggibili, si parla per esempio di tropicalizzazione e meridionalizzazione.

Il primo termine indica l'ingresso nel Mare Mediterraneo di organismi provenienti da mari più caldi, tropicali o sub-tropicali, appunto. Ma il Mediterraneo, lo si legge su ogni libro di geografia, è un mare semi-chiuso. Da dove arrivano dunque questi nuovi ospiti? Due sole sono le strade: lo stretto di Gibilterra, apertura naturale del bacino verso l'Atlantico, e il canale di Suez, questa volta un'entrata "secondaria" aperta però proprio dall'uomo e che collega il nostro mare con il Mar Rosso.

Siamo chiari: ingressi di specie alloctone (cioè non appartenenti a quel dato ambiente) in Mediterraneo, soprattutto da Gibilterra ci sono sempre state. In mare non ci sono muri o cancelli. La novità è data dal fatto che ora alcune di queste specie possono trovare anche qui un ambiente non ostile, soprattutto meno freddo, e dunque viverci e proliferare. Alcune specie di ricciole e il pesce palla sono esempi di pesci di origine atlantica ora stabili anche in Mediterraneo. Mentre provenienti dal Mar Rosso sono ad esempio la triglia tropicale e il pesce scoiattolo.

Cosa si intende invece per meridionalizzazione? Qualcosa forse di più semplice. E' ovvio che anche in un mare relativamente piccolo (in confronto agli oceani) come il Mediterraneo, ci sia un'evidente differenza di temperature – medie, massime e minime – fra le aree più a nord e quelle più meridionali. Queste diversità incidono sulle specie presenti nelle diverse zone, ed è evidente che animali che prediligono acque più fredde si trovino nei bacini settentrionali, e viceversa. Con l'aumento delle temperature, non solo la differenza tra le due aree tende a diminuire, ma soprattutto le acque settentrionali tendono a scaldarsi e ad assomigliare così a quelle del sud. Dunque le specie meridionali non sono più frenate dal freddo e possono ora colonizzare anche bacini più a nord.

Questa la teoria. Nella pratica, la capacità di molte specie di migrare e di spostarsi a piacimento magari in cerca di cibo, rende il tutto meno netto e definito.

In Adriatico per esempio, si osservano sì cambiamenti di questo tipo, ma non dobbiamo pensare alla comparsa assoluta di nuove specie, quanto semmai alla maggiore frequenza con cui specie prima del tutto occasionali, ora diventano più o meno regolarmente pescate o avvistate. Così ad esempio Attilio Rinaldi, Direttore della Struttura Oceanografica Daphne che fa base a Cesenatico, fa notare "la presenza massiva e superiore alla norma" nelle nostre acque "di specie termofile", cioè che prediligono acque più calde. "Tra queste l'alaccia, la lampuga, la ricciola, la leccia, la palamita e il barracuda boccagialla. Mentre la donzella pavonina viene segnalata come abbondante nell'Adriatico centrale".

Attenzione però, mentre le specie di derivazione più meridionale possono, con l'innalzarsi delle temperature spostarsi o semplicemente espandere il proprio areale a nord, quelle invece che ricercano temperature più basse, non trovano scampo nel vicolo cieco dell'alto Adriatico, non potendo in effetti spostarsi ancora più a nord. Queste sono dunque a rischio di scomparsa. Un esempio pare essere quello dello spratto, che ha già fatto registrare una significativa riduzione in termini di biomassa.

E' importante ricordare che l'ingresso di nuove specie in un determinato ambiente è un fenomeno da non trascurare. Non si tratta di stilare elenchi di specie quasi come curiosità, tutt'al più per subacquei e appassionati. Ambienti ed ecosistemi sono delicati equilibri, che devono riorganizzarsi ogni volta che si provoca un notevole cambiamento, e l'ingresso di nuove specie lo è eccome, si pensi solo alle catene alimentari. Dunque la meridionalizzazione va tenuta almeno sotto stretta osservazione e di certo non sottovalutata.

Sabbie relitte

A partire dalla seconda metà del secolo scorso, il grande sviluppo delle attività turistiche e il conseguente cambiamento strutturale delle zone di spiaggia, unitamente al ridotto apporto di sedimenti da parte dei fiumi (anche questo a causa principalmente di interventi antropici) ha causato l'erosione più o meno diffusa delle coste e delle spiagge. Ovviamente, la stessa attività turistica chiede invece spiagge ampie e ricche di sabbia. Da qui la necessità di una serie di interventi per limitare l'erosione, con la messa in posa di tutta una serie di barriere artificiali, di varie fogge e materiali, sia sommerse che in parte emerse.

Negli ultimi anni abbiamo assistito però anche a un altro tipo di interventi. Non più e non solo la difesa del materiale sabbioso esistente, ma il ripascimento dello stesso con sabbie prese da altre zone. In particolare, recentemente si è diffusa anche da noi la pratica, già utilizzata in altri paesi come Spagna, Olanda e Danimarca, ma anche negli Stati Uniti, a Miami, di andare a prelevare queste sabbie al largo (depositi off-shore), in accumuli di sabbie che vengono definite "relitte", in quanto in genere sono sedimenti relativamente antichi. In effetti, si parla di antiche spiagge, ora sommerse, che risalgono a circa 10.000 anni fa.

Gli effetti, ma anche i pro e i contro, di questi

versamenti di sabbie relitte sulle spiagge stesse di destinazione, è argomento che è stato ed è tuttora discusso in diverse sedi, ma che a noi non interessa trattare qui. Quello che invece vogliamo chiederci è quale sia l'effetto di questi dragaggi sulle comunità marine, nelle zone di prelievo di queste sabbie di fondale.

E' bene ricordare infatti che, essendo l'Adriatico un mare a fondali prevalentemente sabbiosi o fangosi, una parte importante delle sua ricchezza biologica è data proprio dall'abbondanza della sue popolazioni bentoniche (cioè di organismi che vivono sul fondo o "dentro" di esso). In questa analisi ci aiuta uno studio condotto nel 2001 e 2002, nato dalla collaborazione fra la struttura oceanografica della Daphne (ARPA Emilia-Romagna), l'istituto di Ingegneria ambientale sempre dell'ARPA, e l'Università di Modena-Reggio Emilia.

La zona dello studio era un'area a circa 55 chilometri al largo di Ravenna, su di un fondale di una quarantina di metri. Quest'area è stata dragata fra aprile e maggio del 2002, con il prelievo di 800.000 metri cubi di sabbia. Le campagne di studio sono state condotte prima degli scavi (marzo 2001), durante gli scavi (aprile 2002) e infine a distanza di un mese, di sei mesi e di dodici mesi da questi.

I primi risultati mostrano che la granulometria (fattore importante per gli organismi che vivono nelle sabbie) del fondale dopo i prelievi non era cambiata in maniera significativa.

Ma cosa è successo agli organismi che in queste sabbie ci vivevano? Ovviamente, come era da aspettarsi, il prelievo della sabbie ha modificato in maniera drastica le comunità di organismi dell'area. Durante le operazioni e a un mese di distanza dalle stesse, si nota una riduzione decisa sia del numero delle specie presenti (meno 75%), sia del numero degli individui appartenenti a queste specie (riduzione fino all'89%). In alcuni punti dell'area in esame si parla di "una pressoché completa scomparsa di animali durante e subito dopo il prelievo delle sabbie".

Per fortuna la situazione migliora decisamente nelle campagne effettuate a sei mesi e a un anno di distanza dai prelievi. Il grande potere "rigenerante" dell'ecosistema del fondale lavora a pieno regime e dopo sei mesi il numero delle specie presenti era arrivato al 60% di quelle originali. Mentre la riduzione nel numero di individui presenti è pari al 60% a sei mesi di distanza, e al 44% ad un anno dallo scavo. Studi successivi sulle stesse aree hanno poi mostrato che la situazione inizia a normalizzarsi più o meno a un anno e mezzo di distanza, mentre a 30 mesi dagli scavi la comunità bentonica è ormai simile in tutto a quella presente prima dei lavori. Gli effetti di questi scavi sono dunque evidentissimi nel breve termine, ma a quanto pare si mitigano e poi scompaiono del tutto in tempi tutto sommato non troppo lunghi.

Moderni mostri marini: le piattaforme

Un'immagine comune e frequente, a chiunque vada per le acque adriatiche, è rappresentata da quegli enormi mostri meccanici, magari anche dotati di una loro suggestione, che sono le piattaforme per l'estrazione del gas metano.

Ve sono all'incirca 90, sparse fra l'Adriatico settentrionale e quello centrale. La prima fu installata dall'ENI nel 1959, mezzo secolo fa, e in effetti alcune di esse stanno esaurendo o hanno esaurito il loro ciclo produttivo. Questa grandi strutture che emergono dall'acqua per alcune decine di metri, hanno poi evidentemente tutta una parte di sostegno sommersa, la quale non può non avere a che fare con i sistemi biologici di quel tratto di mare.

In un bacino dai fondali sabbiosi o fangosi come il nostro, i basamenti, i piloni di metallo che sorreggono le piattaforme, rappresentano dei punti di rottura nella monotonia dei fondali, fungendo da punti di raccolta e concentrazione di molte specie marine. Questo è evidente a chiunque frequenti il mare, soprattutto sotto alla superficie, ma è parimenti confermato da diversi studi su strutture simili, effettuati per esempio in California, nel Golfo del Messico, e sulla costa occidentale dell'Africa.

Da noi, ad esempio, sono stati monitorati in uno studio durato tre anni, gli effetti sulle popolazioni marine dell'installazione di due piattaforme: la Regina e la

Annabella, rispettivamente a 16 e 35 chilometri al largo della costa romagnola. Entrambe le strutture poggiano su quattro gambe, la prima su un fondale di 22 metri, la seconda su uno di 53-54 metri.

Lo studio come si diceva è durato tre anni, con campionamenti effettuati una volta al mese tramite delle battute di pesca condotte con una rete a tramaglio, lasciata in acqua per 12 ore. Essi venivano effettuati contemporaneamente anche in altre due aree (prelievi di controllo) in modo da poter confrontare i risultati fra la piattaforma e il mare aperto.

I risultati, come era da aspettarsi, hanno dimostrato come, nei prelievi attorno alle piattaforme, la ricchezza delle specie e la loro diversità siano sempre più elevate di quelle registrate nelle aree di controllo. In pratica, queste isole di metallo in mezzo all'Adriatico agiscono come barriere coralline artificiali, attirando grandi aggregazioni di pesci e altri organismi, e portando a un notevole arricchimento dell'area. Queste strutture consentono ad organismi che hanno bisogno di un substrato duro ove attaccarsi e crescere, di proliferare e di "iniziare" una catena alimentare che porta poi a tutta una serie di altre creature. Ed è da notare come nello studio in questione non siano stati campionati questi animali incrostanti, con la rete non è possibile, e dunque la ricchezza registrata non tiene conto di tutto un mondo di organismi che vivono attaccati a piloni, o al fondale stesso. Attorno alla Regina sono state contate 47 specie di pesci, 4 di molluschi e 4 di crostacei, mentre all'Annabella: 43 pesci, 6 molluschi e

3 crostacei.

Ci preme infine sottolineare che, sebbene sia evidente in questo caso l'effetto positivo che la messa in posa di queste strutture ha avuto sull'habitat locale, stiamo comunque parlando di interventi artificiali. E la modificazione artificiosa di un ecosistema è questione comunque di notevole delicatezza, e dunque ogni intervento di questo tipo va valutato con estrema serietà e senza facili entusiasmi.

Un mare di plastica

In un servizio televisivo sui capodogli spiaggiati in Puglia nel dicembre 2009, al di là delle ipotesi sulle morti dei capodogli e della possibile connessione con le prospezioni geologiche, faceva sicuramente molto effetto la sequenza in cui venivano mostrati i contenuti stomacali delle povere bestie. Era un campionario impressionante di schifezze: borse, buste di plastica, scatole, cavi d'acciaio...

E' sconvolgente, anche se risaputo, quanto l'incuria dell'uomo abbia infestato il mare. L'idea di un fondale marino punteggiato di plastica, cassette, lavatrici, copertoni, bottiglie e altro ciarpame è quanto di più triste e disturbante. E' come un'opera d'arte sporcata di inchiostro dalla mano ignorante di un vandalo.

Il problema dei rifiuti in mare è planetario: stime delle Nazioni Unite parlano di 18.000 pezzi di plastica per ogni chilometro quadrato di mare, per un totale che supera i 100 milioni di tonnellate. Ed è nota la presenza nel Pacifico di una isola di plastica e rifiuti galleggianti, formata e tenuta insieme dalle correnti, grande quanto due volte lo stato del Texas.

Da questo punto di vista purtroppo l'Adriatico non solo non è da meno, ma anzi ne risente come e più di altri mari. Non a caso viene chiaramente indicato come un dei "punti caldi" dell'inquinamento marino, in "A global map of human impact on marine ecosystems (Una mappa globale dell'impatto dell'uomo sugli ecosistemi marini)" pubblicato sulla prestigiosa rivista scientifica Science, nel 2008. Le maggiori fonti di inquinamento solido in mare sono rappresentate dai rifiuti gettati via dalle imbarcazioni da pesca e non, e soprattutto dalle fonti legate alle aree altamente antropizzate e industrializzate della costa.

L'Adriatico è "piccolo" (come superficie e come profondità delle acque) e circondato da terre sovraffollate di gente: 4 milioni di abitanti lungo le coste del nord Adriatico, che diventano 22 milioni con l'arrivo dei turisti, in estate.

Purtroppo, mentre diversi sono i lavori che analizzano l'inquinamento chimico del nostro mare, ancora non si conoscono stime e valutazioni dell'inquinamento da plastica e da altri materiali solidi. L'unico indizio, non da poco, è dato da una ricerca pubblicata nel 2000 e che prendeva in considerazione il numero di rifiuti sul fondale marino. L'Adriatico si qualifica terzo in questa non certo meritoria classifica, risultando quindi uno dei mari più "sporchi". Di più: se si considerano solo i rifiuti plastici, l'Adriatico è il mare più inquinato d'Europa, con 2,63 rifiuti per ettaro di fondale. Davvero un pessimo primato.

Purtroppo il problema dell'inquinamento da rifiuti solidi non è solo legato a un discorso "estetico", ma ha ripercussioni anche importanti sulla vita e soprattutto sulla fauna marina. Non pochi sono gli animali che possono confondere questi materiali per cibo, e dunque ingerirli. Questo può avere effetti pesanti, da gastriti a infiammazione dell'intestino, fino alle mortali occlusioni dell'apparato digerente.

Recentissimo è un articolo, pubblicato da ricercatori croati nel 2010, i quali hanno esaminato il contenuto stomacale di 54 Tartarughe comuni e in più di un terzo di esse (35.2%) hanno trovato materiale estraneo, prevalentemente plastica morbida, corde, Styrofoam (polistirolo espanso). In particolare, uno degli animali esaminati aveva ben 15 pezzi di plastica fra stomaco e intestino, principalmente fogli di plastica e pezzi di sportine. La tartaruga non si nutriva da tempo, ed è probabile che la causa di morte sia stata proprio la presenza di questa plastica che le chiudeva quasi completamente lo stomaco.

L'inquinamento da rifiuti solidi in mare è dunque un problema grave, diffuso ed evidente, e forse una maggiore attenzione alle nostre abitudini e comportamenti (la scelta di quello che compriamo, e l'attenzione a dove buttiamo imballaggi e rifiuti), può senz'altro contribuire a migliorare una situazione che in fondo dipende solo da comportamenti scorretti e modificabili.

D'altra parte, in un rapporto dell'Unep del 2009, dedicato ai rifiuti in mare, appariva una classifica delle 12 categorie di rifiuti più presenti nel mar Mediterraneo.

Al primo posto? Cicche di sigaretta, con il 27% del totale. E al secondo posto niente di tanto diverso: pezzi di sigaro, cioè le punte che si tagliano prima di fumarli. Ce n'è per il 10%. Più in fondo, ma sempre nei primi

12, con il 2,8%, involucri e confezioni di tabacco. Insomma, il 40% dei rifiuti in Mediterraneo viene dai fumatori, distratti o maleducati che siano. Da notare che nel resto del mondo questa percentuale scende al 32%, comunque sempre alta. Il resto? Bottiglie e borse di plastica (più del 18% insieme), poi lattine, tappi, bottiglie di vetro, posate di plastica e altre testimonianze ai posteri dell'era del consumismo.

La pesca intensiva ha impoverito l'Adriatico

Chiedete a un pescatore di mestiere, e non avrà dubbi: il mare è sempre più povero, e il nostro Adriatico non fa davvero eccezione. I bottini di pesce che si facevano anni fa sono solo un ricordo, e oltre a pescare di meno, si catturano pesci di taglia sempre più piccola.

Questo appare ovvio dal momento che sappiamo che stiamo sfruttando il mare al di sopra delle sue possibilità. Cioè preleviamo più pesce di quanto le naturali capacità di recupero del mare stesso possano sostenere. In parole ancora più semplici, e oramai anche abusate, si pesca in maniera non sostenibile.

Quello che ormai è sotto gli occhi di tutti è però, purtroppo, molto difficile da dimostrare in maniera chiara e soprattutto scientifica. Come confrontare le stime di abbondanza delle popolazioni ittiche attuali, con quelle anche solo di un secolo fa, quando mancavano totalmente stime di questo tipo? Fino alla seconda metà del secolo scorso, le descrizione delle comunità ittiche erano infatti solo qualitative, cioè quali specie e dove, ma non c'erano valutazioni di tipo invece quantitativo. Come fare dunque a confrontare i dati di oggi, con quelli dell'... altro ieri, assenti?

Un gruppo di ricercatori, di due differenti istituti, uno veneto e uno friulano, ha recentemente pubblicato un articolo sulla rivista PloS ONE, in cui ci si pone proprio l'obbiettivo di analizzare l'andamento delle popolazioni di pesca dell'Adriatico, dal 1800 al 2000.

Per fare questo hanno studiato una metodologia statistica, che in questa sede non ci interessa nel dettaglio, per trasformare le descrizioni qualitative, presenti in 38 libri di naturalisti dal 1818 al 1956, trasformandola, con l'aiuto di altri dati parziali, come gli sbarchi nei mercati ittici dal 1874 al 2000, in dati quantitativi, questa volta dunque e finalmente confrontabili con quelli attuali. Le specie di cui hanno raccolto e messo a confronto i dati sono state ben 255.

I risultati sono desolatamente chiari e esattamente quelli che ci saremmo potuti aspettare di trovare. Nel periodo preso in considerazione è evidente il declino, in primo luogo, dei Pesci cartilaginei, cioè squali e razze, che si accompagna a quello delle specie di grandi dimensioni (quelle che raggiungono taglie fra 120 e 250 cm, come ad esempio la cernia bruna e il rombo) e a quello dei grandi demersali (cioè che nuotano in genere vicino al fondale, come il nasello e la rana pescatrice). A questi vistosi cali si accompagna invece una crescita di specie di piccole dimensioni e che raggiungono la maturità sessuale prima dell'anno di vita. Quindi non abbiamo solo un generale impoverimento delle risorse, ma anche una profonda alterazione della composizione delle specie presenti. Insomma, un mare più povero e sempre più diverso dalle origini e dalle sue potenzialità biologiche. Da sottolineare che alcune specie come lo squalo angelo o squadro, la canesca (un altro squalo) e lo storione, tutti oggi considerati assenti in queste acque, erano invece non solo presenti, ma addirittura comuni fino al 1950.

La cause di tutto questo sono ovviamente legate alla presenza dell'uomo, dagli effetti degli inquinanti e delle sostanze nutrienti versate in mare, tramite i fiumi e gli scarichi, fino alla pesca intensiva, che già incideva pesantemente sulla popolazione ittica adriatica nel XIX secolo, ma che dalla metà del XX ha subito una forte trasformazione di tipo industriale, con l'introduzione dei motori, di nuovi tipi di strumenti di cattura e in generale della tecnologia (radar, sonar...). Gli autori concludono sottolineando che gli effetti della pesca intensiva prevalgono, in nord Adriatico, come causa di impoverimento e cambiamento dell'ecosistema, rispetto a ogni altro fattore antropico.

Aree Protette adriatiche

Lungo la costa italiana che si affaccia sull'Adriatico si alternano ambienti differenti, habitat più o meno estesi, che mostrano singolarità interessanti e che prese nell'insieme fanno la ricchezza, o meglio una delle ricchezze, del nostro mare.

Alcuni di questi ambienti sono stati, col tempo, racchiusi in zone di tutela. Aree naturali protette che rappresentano scrigni per la conservazione della natura e di peculiarità ambientali. Queste realtà hanno forme di protezione differenti: aree marine protette, riserve naturali, zone di tutela biologica...

Durante l'estate del 2008, queste realtà si sono incontrate e messe a un tavolo e hanno gettato le basi per la creazione di un network delle aree marine protette dell'Adriatico, firmando un documento ora conosciuto come "Carta di Cerrano", cioè il documento per la "Costituzione, gli obiettivi e gli interventi del Network delle Aree Protette costiere e marine del mar Adriatico". In una parola: AdriaPAN.

AdriaPAN è dunque una rete di centri che hanno come denominatore comune il mare, cioè sono aree marine o costiere. Nella sua prima costituzione questa rete comprende già un buon numero di "nodi" anche se molti altri mancano ancora all'appello. Inoltre l'invito ad aderire è stato inoltrato anche ai numerosi parchi sloveni e croati, alle aree protette marine dell'Albania, fino alla Grecia e al parco di Zakynthos, che Adriatico ormai non è più, ma insomma siamo proprio lì sulla soglia.

Firmata ufficialmente il 26 settembre 2008, la Carta di Cerrano rappresenta "un insieme di valori, obiettivi e strategie, in modo da attuare una reale collaborazione tra tutte le aree protette, di qualunque tipologia e forma, purchè marine e costiere del Mare Adriatico".

Leggendo qua e là, nel documento è evidente la volontà di "fare rete" dei firmatari, condividendo obiettivi come: mettere in rete i gestori di aree protette costiere e marine, creando sinergie tra di loro; promuovere scambi di informazioni tecniche e istituzionali tra i membri della rete; contribuire a migliorare la gestione delle aree protette costiere e marine mediante l'attuazione di iniziative di interesse comune per gli enti gestori. Ma anche, per esempio, promuovere ricerche finalizzate alla conoscenza dell'ecologia dell'Adriatico, sulla biodiversità e la distribuzione degli habitat marini e di quelli costieri dell'Adriatico. E molto altro ancora, ovviamente.

Prendendo come spunto la nascita di AdriaPAN, iniziamo ora un viaggio lungo questi tesori naturali protetti adriatici, spostandoci idealmente da nord a sud, come uccelli migratori che seguono la linea di costa per non perdere la via.

Area Marina Protetta di Miramare
Nell'estrema punta settentrionale dell'Adriatico, in territorio triestino, si trova la preziosa Area Marina

Protetta di Miramare, riserva naturale statale e Oasi del WWF.

Istituita nel 1986 con decreto del Ministero dell'Ambiente e da sempre gestita dal WWF Italia, l'area ha una superficie di 30 ettari a protezione totale, circondati da un tratto di mare di 90 ettari regolamentato da un'ordinanza della Capitaneria di Porto, in cui le norme sono meno stringenti.

La zona di protezione si estende per 200 metri verso il mare, e corre lungo un tratto di costa di meno di due chilometri, 1,5 per la precisione, che va dal porto di Grignano fino al Bivio di Miramare. Qui la tutela è integrale, mentre nella fascia successiva di altri 400 metri verso il largo l'unico divieto è quello alla pesca professionale.

Scendere nelle acque delle Riserva permette di incontrare, a mano a mano che si procede verso il largo, fondali diversi che digradano uno nell'altro. Essendo un tratto di costa rocciosa, all'inizio si poggeranno i piedi, per così dire, su solida roccia. E' la stessa roccia carsica caratteristica di tutta la costiera triestina. Proseguendo, il blocco roccioso lascia il posto a formazioni più piccole, inframezzate da ciottoli e sabbia. Quando si giunge attorno agli 8 metri di profondità, ecco sopraggiungere il fondale fangoso, tipico dell'alto Adriatico. La profondità non crescerà ancora molto, raggiungendo un massimo di 18 metri in corrispondenza delle boe di delimitazione al largo.

Tipica della zona rocciosa di marea è l'alga bruna *Fucus virsoides* (quercia marina) che ha un tallo, il "fusto", marrone, ramificato e con una sorta di nervatura centrale, che si mantiene eretto in acqua grazie alla presenza di vescicole d'aria chiamate aerocisti. A essa si affiancano i rossi pomodori di mare, i denti di cane (*Chthamalus* spp.) che tappezzano le rocce esposte e si contendono lo spazio con i numerosi mitili. I fondali di sabbia sono in parte ricoperti dalle praterie di piante marine quali la *Cymodocea nodosa* e la *Zostera marina*, dalle lunghe foglie verdi nastriformi che danno riparo e protezione a molti organismi. Frequenti sulle rocce ricoperte da alghe e anemoni sono i nudibranchi, molluschi privi di conchiglia ma dai colori sgargianti che ne testimoniano la tossicità. Tra i crostacei sono osservabili la grancevola, grosso granchio che può raggiungere anche i 20 centimetri e l'astice dalle potenti chele, normalmente rintanato tra gli anfratti della scogliera. Ospiti della riserva più visibili sono la spigola, l'orata, la corvina, oltre a banchi di saraghi, castagnole e cefali che trovano qui un luogo sicuro per riprodursi.

Non è infrequente che anche la Tartaruga comune visiti la Riserva, così come si registrano, seppur rari, avvistamenti di delfini, in genere tursiopi, più al largo. Ma il vero simbolo della Riserva è un piccolo pesce che vive in zona di marea, la bavosa pavone, specie comune scelta proprio per ricordare che a Miramare si proteggono tutte le specie, ugualmente importanti per l'equilibrio dell'ecosistema marino.

Le Riserve Naturali regionali Foce dell'Isonzo e Foci della Stella

Ancora in Friuli e comunque non troppo lontano da Miramare, ecco due Riserve Naturali regionali che si sviluppano attorno alle foci di due fiumi. La Riserva Naturale regionale Foce dell'Isonzo comprende gli ultimi 15 chilometri del corso del fiume Isonzo, e una vasta zona intorno alla sua foce con, al centro, l'isola della Cona. Estesa per 2400 ettari, è la zona umida più settentrionale del Mediterraneo.

Le sue paludi di acque dolci, ricreate artificialmente con un sistema di bonifica "al contrario", ospitano un'enorme varietà di uccelli, molti di passo. Sono 285 le specie di volatili individuate, tra cui il cavaliere d'Italia, il falco di palude, il chiurlo (simbolo della riserva). Vi nidificano anche la folaga, il germano reale e l'airone rosso maggiore.

Cavalli Camargue, bovini e caprioli sono facili ed emozionanti incontri nella riserva, insieme a volpi e puzzole.

Il paesaggio è molto vario, fra le paludi di cui abbiamo detto, isolotti di vegetazione (barene) e aree fangose (velme) che emergono solo con la bassa marea. Tra lo sbarramento del grande argine dell'Isonzo e la sua sponda naturale c'è la zona golenale con boschi di ontano nero, canneti e piccole radure dove in primavera fioriscono le orchidee di palude. Alla foce dell'Isonzo un imponente banco sabbioso, in continua evoluzione per l'apporto di sedimenti del fiume, si protende verso il mare.

Leggermente più a est, la Riserva Foci dello Stella si sviluppa su 1357 ettari e comprende la foce dell'omonimo fiume di risorgiva e la laguna circostante, dove gli uccelli la fanno da padrone. Negli estesi canneti e giuncheti che si contendono il territorio con i meandri del fiume, trovano rifugio importanti specie come l'airone rosso o il falco di palude. Su una consistente porzione di fondali fangosi talora affioranti, si aggregano migliaia di folaghe, anatidi e uccelli limicoli.

Lasciando il Friuli, seguiamo l'arco della costa nord-occidentale per entrare in Veneto, fino alla laguna di Venezia.

Zona di tutela biologica delle Tegnùe di Chioggia

L'abate Giuseppe Olivi, nel 1792, completava la sua opera di studio delle popolazioni biologiche dell'Adriatico, e pubblicava dunque la sua "Zoologia Adriatica". Ad un certo punto del suo libro Olivi dice che "vi abbondano gli animali coperti d'integumenti duri per lo più calcarei, i quali decomponendosi contribuiscono di nuovo a formare concrezioni parimenti calcaree, che rendono quei letti ineguali ed aspri ...". Insomma parla di concrezioni calcaree, di origine animale, che rendono i fondali, in alcuni punti, appunto ineguali e aspri.

Queste formazioni rocciose sono le tegnùe. La parola tegnùe o tenùe è veneta e significa "trattenute". Il nome fu proprio affibbiato dai pescatori a queste rocce affioranti, a causa della loro capacità di trattenere le reti da pesca che appunto vi restavano impigliate. Anche se poi sono sempre state apprezzate dai pescatori stessi per la loro elevata pescosità.

Le tegnùe sono uno dei tesori nascosti del nostro Adriatico. Ed è molto strano che, nonostante la loro particolare popolazione biologica – in pratica sono delle mini-barriere coralline – siano state studiate solo a partire dagli anni sessanta.

Di tegnùe ve ne sono un po' in tutto l'Adriatico settentrionale, a profondità variabili dai 10 ai 40 metri, e in genere sono orientate in direzione parallela alla costa. Hanno dimensioni che vanno dai piccoli massi isolati fino a formazioni estese per centinaia di metri.

Le formazioni più ampie e meglio conosciute sono quelle al largo di Chioggia. Queste rocce sono organogene carbonatiche, cioè costruite negli ultimi 3-4000 anni dagli organismi marini, generalmente sopra a substrati duri preesistenti formatisi per il consolidamento di sabbie. Si tratta in pratica, come si diceva, di vere e proprie barriere coralline naturali, solo che non sono coralline, in quanto i principali organismi costruttori qui non sono i coralli, bensì le alghe rosse calcaree, chiamate "Corallinacee".

Ovviamente, un po' come succede con i relitti, o con le basi delle piattaforme metanifere, questi substrati duri danno la possibilità a molte forme di vita di svilupparsi, dando origine a piccoli ecosistemi davvero ricchi e interessanti. Così questi affioramenti sono delle piccole isole di colore e di vita, che rompono la "monotonia" dei fondali più o meno uniformemente sabbiosi del nord Adriatico

Vi si trovano spugne, ascidie coloniali e anemoni, tutti molto vari e colorati. Sono poi abitate da ofiure e crostacei, dai piccoli paguri agli astici. Tra i pesci troviamo una quantità di bavose, castagnole e scorfani, a cui si aggiungono i grandi gronghi e le corvine. Spesso è possibile osservare banchi di merluzzetti che volteggiano intorno alle rocce.

Nell'area di Chioggia, il valore naturalistico di questo habitat è stato riconosciuto e protetto con l'istituzione, nell'agosto 2002, di una Zona di Tutela Biologica che ha introdotto il divieto di pesca. L'area protetta è stata promossa dal Comune di Chioggia, da Enti di ricerca ed Università, dalla Regione Veneto, dal Ministero per le Politiche Agricole e Forestali, dalla Capitaneria di Porto, dalle associazioni dei pescatori e dagli operatori turistici, che oggi lavorano insieme nell'Associazione Tegnùe di Chioggia onlus.

Il nostro viaggio è partito dal golfo di Trieste e, seguendo la linea di costa, seppure con qualche incursione in mare aperto e altre invece verso l'entroterra, abbiamo scoperto e visitato le zone protette che si incontrano sul cammino.

Linee immaginarie presenti solo nella mente, e nelle carte, dell'uomo, si sovrappongono a ritagli di territorio nei quali la natura, o almeno l'equilibrio fra naturalità e artifizi, viene preservata e difesa.

Ripartiamo per fermarci subito in un luogo che

meriterebbe una lunga sosta, ma anche un tempo e un numero di parole ben più ampi di quanto noi possiamo dedicargli.

Il delta del Po

Maestoso, come il fiume da cui prende il nome e l'origine, il Parco del Delta del Po è una realtà estremamente ampia, ricca e variegata. Andrebbe letto sotto diversi aspetti, di cui quello naturalistico e paesaggistico non è che uno. Qui l'ambiente naturale e la presenza dell'essere umano, che peraltro vi abita sin da tempi preistorici, si intrecciano in cento modi differenti, a volte alleati e complici, basti pensare alla varietà di attività umane che vi svolgono: pesca, acquacoltura, agricoltura, turismo. Altre volte gli interventi di bonifica o di risanamento sono sembrati più una guerra per la conquista di territori da sottrarre all'ambiente naturale e votare alla laboriosità umana. In qualche caso poi, la natura si è ripresa quello che le era stato tolto. In definitiva comunque, il delta del Po è uno dei patrimoni dell'umanità dell'UNESCO, per il suo interesse storico e naturale, e questo già dice tanto. Il territorio del Delta del Po è coperto e dunque gestito formalmente da due parchi, quello veneto e quello emiliano-romagnolo. Il primo scende dal fiume Adige fino al Po di Goro, ma si spinge anche molto verso l'entroterra fino a comprendere i comuni della Provincia di Rovigo, coprendo in totale una superficie di 12.000 ettari.

Il parco romagnolo invece, più vasto, si estende su

53.000 ettari di territorio, e va dal Po di Goro fino alle saline di Cervia, a sud, mentre a occidente abbraccia Ferrara.

Tutta l'area ha subito, come si diceva, importanti e ripetuti interventi dell'uomo. A cominciare dalla deviazione del Po, già oltre 400 anni fa, quando i veneziani tagliarono il grande fiume deviandone il corso verso i lidi ferraresi, temendo che i sedimenti avrebbero col tempo interrato le loro lagune. Verso la fine del 1800 poi iniziano le massicce opere di bonifica, per trasformare ampie aree paludose in terreni coltivabili. A queste seguirono gli interventi per portare strade e acqua potabile, rendendo la zona di fatto abitabile: e in effetti fu ampiamente colonizzata nella seconda metà del secolo scorso.

Ovvio però che, nonostante questa rilevante presenza antropica, il delta del Po resta un territorio dall'elevato valore naturalistico. La composizione stessa degli ambienti è un insieme ricco e sorprendente di boschi a foglie caduche, ma anche di pinete di sempreverdi come il pino domestico e quello marittimo. I boschi si alternano, o si mescolano, con antiche dune litoranee, lagune, valli e zone umide, sia di acqua dolce che salmastra. Non a caso il Parco possiede la più vasta estensione di zone umide protette d'Italia.

Questa varietà di ambienti si rispecchia e si moltiplica nell'enorme biodiversità che il parco accoglie e protegge. Dal punto di vista della flora, basti pensare che sono almeno un migliaio le specie presenti. Va da sé che è impossibile anche solo provare a citarne qualcuna senza trascurarne una restante, enorme, parte. E allora basta ricordare che, al di la delle specie, qui si possono osservare aggregazioni floristiche tipiche di ambienti molto differenti. Piante che vivono immerse del tutto o in parte nell'acqua (ranuncolo, ninfea, tifa, canna d'acqua, erba saetta e morso di rana), piante che vivono invece ai margini delle zone umide, dalle cui acque vengono invase in certi periodi dell'anno (bismalva, canapa, giuggiolo, giunco fiorito). Nei boschi, anche residui, la specie più rappresentata è il leccio, ma vi si trovano anche olmo, pioppo, così come farnia e carpino comune.

Non meno ricca è la fauna, dove le "luci della ribalta" sono tutte sulla grande e preziosa popolazione di uccelli. L'avifauna del Delta del Po costituisce un patrimonio di straordinario valore, con oltre 300 specie segnalate negli ultimi decenni, di cui oltre 150 nidificanti e più di 180 svernanti. Tale ricchezza fa del Parco la più importante area ornitologica italiana ed una delle più rilevanti d'Europa. Non mancano comunque una quarantina di specie di mammiferi, dal cervo al daino, dalla volpe al tasso, a tante specie più piccole compresi diversi pipistrelli. Rettili (testuggini, gechi, vipere, biacchi...) e anfibi (tritoni, rospi e rane) proseguono una lista faunistica che potrebbe continuare a lungo, a dimostrazione di quanto questa grande area protetta rappresenti una delle maggiori ricchezze ambientali italiane.

Il Parco naturale del monte San Bartolo
Scendiamo ora in provincia di Pesaro-Urbino, per

incontrare un parco, 1600 ettari di estensione che, storditi dalla grandeur del Delta del Po, ci può apparire limitato, ma che rappresenta senz'altro una perla su cui vale la pena soffermarsi. Il parco è operativo dal 1997, e copre l'area marchigiana compresa fra i fiumi Foglia e Tavollo, racchiudendo quella che è la sua caratteristica morfologica principale, e cioè un tratto di costa alta, a falesia, così rara sulla costa occidentale dell'Adriatico. La falesia ha alte pareti a strapiombo sul mare, intervallate da strette valli e speroni di roccia. Alle spalle dello strapiombo, un paesaggio rurale collinare.

Le popolazioni di capriolo, in espansione nell'area, hanno raggiunto da un ventina di anni anche il parco, che dunque ora li ospita insieme a volpi, tassi, donnole e istrici. Ma ancora una volta sono gli uccelli a farla da padrona, fra specie marine che nidificano su queste coste, come cormorani, svassi e smerghi, e abitanti tipici delle alte scogliere, fra cui spicca il falco pellegrino che popola in maniera stabile la falesia. Proveniente dall'Africa e diretta a nidificare nell'Europa orientale, la rara albanella pallida si può trovare fra le piante tipiche delle scogliere, che poi sfumano, verso l'entroterra, in una vegetazione classica da paesaggio rurale, sebbene comunque molto varia e rigogliosa.

Parco Regionale Naturale del Conero
La costa a falesia che ci siamo appena lasciati alle spalle, scendendo ancora verso sud, la ritroviamo non

troppo lontano, arrivando al Parco del Conero. Siamo ancora nelle Marche, a due passi da Ancona, e la catena appenninica, prima di riprende la sua corsa lungo il dorso dello stivale italiano, va qui a congiungersi con il mare. Lo fa con il monte Conero, che si affaccia sull'Adriatico con scogliere a picco sul mare, da un'altezza di oltre 500 metri. Il mare ha lavorato incessantemente sulla parete rocciosa, incidendola, scavandola e facendola in alcuni punti arretrare, dando origine a tutta una serie di spiagge e cale fra le più suggestive e ricercate della costa italiana dell'Adriatico.

Al Centro Visite si possono ricevere informazioni sul parco e sui numerosi sentieri che lo percorrono. A parte le bellezze naturali e la possibilità di vivere colori e odori di un ambiente unico e suggestivo, da alcuni sentieri si possono cogliere degli scorci di mare e delle bianche scogliere, davvero mozzafiato.

Anche in questo caso, gli uccelli migratori che nel loro viaggio seguono la linea di costa, trovano nel promontorio del Conero un punto di riferimento preciso, e un'area ricca di verde, ma anche di specchi d'acqua, dove potersi fermare a riposare e riprendere le forze. Sono state censite più di duecento specie diverse di uccelli, nel Parco. Il rondone pallido e il rondone maggiore trovano qui il punto di nidificazione più settentrionale dell'Adriatico, mentre falchi pescaioli e cicogne sono abituali visitatori di passaggio. Il falco pellegrino ha trovato nel territorio protetto un rifugio sicuro.

Quasi la metà del territorio del parco è ricoperto dalla tipica macchia mediterranea, con leccio, alloro, carpino e roverella, fra le altre.

Prima di lasciare le Marche, proprio al confine meridionale, si incontra la piccola, e di recente istituzione, **Riserva Naturale Regionale Sentina**. Un angolo di natura, solo 180 ettari per 1770 metri di costa, a nord del fiume Tronto, costituito da un cordone sabbioso, in pratica una piatta duna, dietro la quale si rinvengono piccoli lembi di ambienti umidi salmastri e di praterie salate.
Oltre che per la vegetazione, l'area rappresenta uno dei pochissimi punti di sosta per i migratori tra il Gargano e le zone umide emiliane, da qui la sua importanza per l'avifauna migratoria.

I parchi costieri dell'Abruzzo
L'Abruzzo è da sempre la regione dei parchi. D'altro canto, vi sono ben tre parchi nazionali e il 30% del territorio regionale è comunque sottoposto a tutela. Noi proseguiamo nel nostro viaggio lungo la costa e troviamo la seconda Area marina protetta del nostro itinerario: l'Area Marina Protetta Torre del Cerrano. Di recentissima istituzione, parliamo del 2008, questo parco comprende una fascia di mare che si estende per circa tre miglia verso il largo e corre lungo sette chilometri della corrispondente duna sabbiosa. Oltre all'interesse storico-naturalistico rappresentato dalla duna stessa, formazione ormai scomparsa da quasi

tutti i litorali adriatici, nell'area vive un buon numero di specie animali, soprattutto pesci (spigole, sogliole, saraghi) e molluschi come la vongola comune, ed un piccolo ma nutrito contingente di specie vegetali.

I calanchi, straordinarie formazioni geologiche originate dall'erosione del terreno argilloso, sono la caratteristica principale e singolare della Riserva Naturale Regionale dei Calanchi di Atri. In Abruzzo i calanchi sono presenti in numerose zone collinari, ma solo ad Atri caratterizzano così fortemente il paesaggio. Conosciute anche come "bolge" o "scrimoni", essi sono originati dal continuo disseccamento e dilavamento del terreno argilloso, dal quale affiorano numerosi fossili marini.

Fra i comuni di Rocca San Giovanni e San Vito, in provincia di Chieti, un SIC (Sito di importanza comunitaria) è appena divenuto riserva naturale: la Grotta delle Farfalle. La leggenda vuole che nelle notti estive le farfalle, facendosi strada tra i pioppi e i lecci, si diano convegno in questa antica cavità scavata nell'arenaria.

Ancora in provincia di Chieti, incontriamo un altro ambiente particolare, in cui la macchia mediterranea, di cui il leccio è la specie più rappresentativa, costituisce il tesoro racchiuso nella Riserva naturale guidata Lecceta di Torino di Sangro. Un'area di 175 ettari, in cui vive, e ne è il simbolo, la simpatica Testuggine di Hermann.

Il tratto abruzzese del nostro viaggio si conclude alla Riserva Naturale regionale di Punta Aderci, nella quale l'area di maggiore interesse naturalistico è costituita dalla spiaggia di Punta Penna: un anfiteatro marino che ospita numerose essenze vegetali tipiche. Vale la pena fermarsi anche sul promontorio di Punta Aderci che, oltre a caratterizzare l'intera area, offre una visuale panoramica su tutta la Riserva.

Avevamo preannunciato, in questo lungo percorso che scende idealmente lungo la costa italiana dell'Adriatico, che a tratti avremmo lasciato la linea di costa stessa, per addentrarci in pieno mare. Questa volta lo facciamo per scoprire uno dei luoghi più ambiti e favoleggiati del nostro mare: le isole Tremiti. In maniera forse formalmente impropria, ne parliamo separatamente rispetto al Parco del Gargano, del quale invece dal 1996 fanno parte. Ci sembra che nella nostra narrazione, da diversi punti di vista, meritino uno spazio tutto loro.

Parco marino delle isole Tremiti
Ci sono molti motivi per cui le isole Tremiti, perle preziose del nostro Adriatico, sono una delle mete non solo preferite, ma addirittura obbligatorie degli appassionati di subacquea. Intanto, almeno dalla parte italiana del nostro mare, di isole non è che ce ne siano poi così tante. Inoltre le Tremiti sono relativamente vicine alla costa, hanno fondali ricchissimi, diversi relitti affondati da esplorare, acque in genere davvero trasparenti, spiaggette e cale incantevoli, e paesaggi alquanto suggestivi.

Dal 1989 questo scorcio di Adriatico è diventato un parco marino ufficialmente riconosciuto, il quale successivamente, nel 1996 per la precisione, è entrato a fare parte del Parco Nazionale del Gargano.

In effetti il promontorio stesso dista dall'arcipelago delle Tremiti solo 12 miglia, mentre per raggiungere le isole partendo dal Molise le miglia da percorrere in navigazione sono una ventina. Il parco comprende cinque isole - San Domino, San Nicola, Capraia, Cretaccio e Pianosa – e tutte fanno parte del Comune di Tremiti, che conta poco più di quattrocento abitanti.

Nell'area del parco sono evidenziate tre zone, a differente grado di protezione. La zona A è quella di riserva integrale e circonda l'isola di Pianosa: qui è vietata la pesca, la navigazione e la balneazione. Previa autorizzazione dell'Ente gestore, può essere concessa la navigazione per visite guidate o per scopi scientifici. La zona B, di riserva generale, è relativa a una parte dell'isola di Caprara e ad un'altra zona, questa volta di San Domino. Qui è vietata la pesca subacquea, sportiva e professionale, e la navigazione, salvo eccezioni autorizzate. La zona C, di riserva parziale, riguarda San Nicola e l'altra parte di San Domino. Qui, oltre alle immersioni, è consentita la pesca sportiva.

Numerose sono le zone dove sono comunque possibili sia la balneazione, che le immersioni subacquee.

Come si diceva non mancano ripari, piccole baie e spiagge raggiungibili sono via mare, in quanto la costa è alta e rocciosa e di costituzione calcarea. Numerose sono anche le grotte.

Straordinaria e motivo di grande attrazione per i subacquei, ma anche per i semplici appassionati di apnea e snorkeling, è la varietà della vita nelle acque attorno alle isole. Se nei primi metri, fino a una profondità di circa 20 metri, prevale una florida copertura algale, pian piano questa viene sostituita da un tappeto di spugne e altri invertebrati, davvero notevole. Il fondale ancora roccioso si colora per esempio del rosso-arancione della spugna *Crambe crambe*, del rosso-violetto della "spugna a canne d'organo" o del giallo della "spugna corna di daino". Non mancano i coralli come la "mano di morto", i delicati "fiori" del parazoanto o margherita di mare, i ventagli della gorgonia gialla. Possiamo citare inoltre gli anemoni come *Bunodactis verrucosa*, o la rossa stella marina. Si potrebbe andare avanti ancora, passando anche per i Crostacei fra i quali non mancano nemmeno astici e aragoste e i Molluschi come polpi e seppie.

E di certo non scarseggiano i pesci: dentici, orate, cefali, cavallucci marini e cernie sono solo alcune delle specie che senza troppa fatica possono rallegrare una nuotata o meglio un'immersione nelle acque generose di queste isole, che forse prendono il nome dalle attività sismiche (tremutus o trimerus) da cui avrebbero avuto origine, ma che anticamente si chiamavano "Insulae Diomedeae", perché, secondo la leggenda, le isole furono avvistate dopo una tempesta dall'eroe greco Diomede, reduce della guerra di Troia, che decise di fondarvi una colonia che prese il suo nome.

Il parco nazionale del Gargano

Lasciamo le isole Tremiti per rientrare, con un breve tragitto, sulla terraferma, e su quello che viene definito lo "sperone d'Italia": il promontorio del Gargano. Il massiccio montuoso che lo forma si spinge per oltre 70 chilometri in mare, riducendo in qualche modo l'imboccatura stessa dell'Adriatico, e copre una superficie di circa 2000 chilometri quadrati; al suo interno si trova il Parco del Gargano.

Anche esso molto esteso (poco meno di 120.000 ettari), il parco è talmente vasto da comprendere anche territori e ambienti molto diversi tra loro. Le falesie che scendono a strapiombo sul mare e le ricche foreste che coprono gran parte della sua estensione, sono le immagini più ricorrenti e quelle che rappresentano un po' il parco nell'immaginario. Ma non mancano anche ampi altopiani di origine carsica, pennellate di macchia mediterranea, valli che scendono al mare, e le celebri lagune costiere di Lesina e Varano.

Non può che essere dunque molto varia anche la vegetazione, e comunque impressiona sapere che qui vivono oltre 2200 specie botaniche. E diverse sono addirittura le specie endemiche, cioè che crescono solo in quest'area, fra le quali ricordiamo il fiordaliso delle Tremiti e l'erba ghiacciola che vive su rupi e litorali di Vieste.

I boschi sono ricchi di querce, faggi, ma anche aceri, castagni e olmi, mentre lungo le coste, comune è il pino d'Aleppo. Da sottolineare poi la presenza di ben

85 specie di orchidea selvatica, che fanno del Gargano il luogo più ricco d'Europa di questi bei fiori.

Per sottolineare ancora di più l'eccezionalità del luogo, basti pensare che delle 237 specie di uccelli nidificanti in Italia, ben 170 si trovano anche qui. Il capriolo italico è invece una sottospecie che vive solo qui all'interno del parco, insieme ad altri mammiferi come il cinghiale, il daino, la donnola, la faina e il gatto selvatico.

Superato il Golfo di Manfredonia e proseguendo verso sud, incontriamo altre due aree protette o riserve naturali, nelle quali vale la pena fermarsi per una visita. La prima è la **Riserva Naturale Statale La Salina di Margherita di Savoia**. Distesa su poco meno di 4000 ettari, l'area è attualmente una zona umida di rilevanza internazionale. Sua caratteristica principale sono ovviamente le acque salmastre delle saline, le quali hanno una colorazione rossastra dovuta a microrganismi che riescono a vivere in queste acque ricche di sale. Le saline di Margherita di Savoia sono le più grandi d'Italia e producono circa la metà del sale marino nazionale, pari a più di 500.000 tonnellate all'anno. Il raro e splendido fenicottero rosa nidifica qui, in compagnia di molte altre specie migratorie come aironi cinerini, cavalieri d'Italia, garzette, mignattai e chiurli.

Molto più piccolo, pochi chilometri ancora a sud, più o meno alla periferia di Bari è il **Parco Naturale Lama Balice**. Si estende per un totale di 125 ettari, e segue il percorso appunto di una "lama", cioè di una formazione carsica, in pratica una incisione nel terreno che corre per 37 chilometri per arrivare poi fino al mare. In questo ambiente naturale si incontrano specie vegetali come il carrubo, l'alloro, il rovo, il leccio, l'alaterno, il fragno (quercia macedonica). Non è raro imbattersi anche in anemoni ed orchidee, come pure in erbe aromatiche quali timo, menta, salvia, ruta e quelle medicinali come la borragine, la cicutaria e la salsaparicina. Volpi, rane, ricci, donnole vi trovano rifugio insieme a oltre cento specie di uccelli.

Riserva naturale di Torre Guaceto
Prima di arrivare a Otranto, e dunque alla porta dell'Adriatico, ci fermiamo ancora in un luogo che rappresenta bene l'incontro fra terra e mare, in nome della protezione e della salvaguardia degli ambienti naturali. Torre Guaceto è infatti sia una Riserva Naturale dello Stato e dunque terrestre, sia un'Area Marina Protetta.
Prima di mettere i piedi in acqua, diamo dunque un'occhiata alla parte terrestre di quest'area naturale. La riserva è grosso modo rettangolare, con un lato rappresentato dalla costa stessa, per una lunghezza di circa otto chilometri. L'area poi si sviluppa verso l'interno, per un totale di 1200 ettari, tagliati praticamente a metà dalla strada provinciale. A monte della strada il paesaggio è tipicamente rurale e agricolo, mentre a valle abbiamo una notevole fascia di macchia mediterranea, affiancata per almeno quattro

chilometri a un sistema di dune naturali, veramente belle e interessanti. Ben due degli habitat della Riserva fanno parte di quelli inclusi nella Direttiva Habitat della CE: le steppe salate mediterranee a *Limomium*, e le dune costiere con *Juniperus*.

La costa della Riserva, e dunque anche dell'Area Marina Protetta, presenta delle falesie che danno origine a anfratti e insenature davvero da non perdere. In mare poi, buona parte dei fondali sono coperti da praterie di Posidonia, la pianta marina che ha tanta importanza per il mantenimento degli ecosistemi marini. Le sue lunghissime foglie producono grandi quantità di ossigeno, e danno riparo a una miriade di organismi, rappresentando in pratica degli ecosistemi completi. Inoltre le sue radici stabilizzano il suolo, mentre le lamine fogliari formano una barriera che riduce la forza del moto ondoso: dunque queste piante sono un'ottima protezione contro l'erosione costiera.

Ampi tratti di fondale sono invece rocciosi, per la gioia degli apneisti e degli appassionati di snorkeling, che qui possono osservare pomodori di mare, spugne e anemoni, oltre ai pesci tipici del coralligeno come le donzelle, le salpe, le occhiate, i saraghi, gli scorfani.

Poco a nord di Otranto, facciamo appena in tempo a fare un saluto all'Oasi del WWF, "Le cesine", che accoglie in un bellissimo scorcio di macchia mediterranea, tantissimi uccelli migratori, insieme a ricci, volpi, tassi, donnole, faine.

Qui il nostro viaggio si conclude, così come la costa di

pertinenza del nostro Adriatico. Da Trieste a Otranto abbiamo avuto modo di scoprire bellezze naturali protette che arricchiscono un percorso già di per sé notevole per varietà di ambienti e bellezza di paesaggi. Ci conforta sapere che in tanti luoghi si lavora per conservare scorci di ambiente naturale, che racchiudono perle di un mare che da sempre ci appassiona.

MARCO AFFRONTE

dello stesso autore

C'è un mare poco conosciuto,
che racconta storie fuori dal comune.
Storie di delfini che si spiaggiano, di avvistamenti
eccezionali, di tartarughe ferite, di incontri inattesi,
di squali, pesci luna e megattere.
È un Adriatico meno noto, insospettato, teatro di incontri
fra uomini animati da una passione e inconsueti animali marini.
È un mare che non ti aspetti.

Affronte M. (2007)
"Il mare che non ti aspetti"
Ed. Magenes, Milano, 164 pp.

www.ingramcontent.com/pod-product-compliance
Lightning Source LLC
Chambersburg PA
CBHW071421090426
42737CB00011B/1528